A. Ketschau

Das kleine Buch vom

Deutschen Boxer

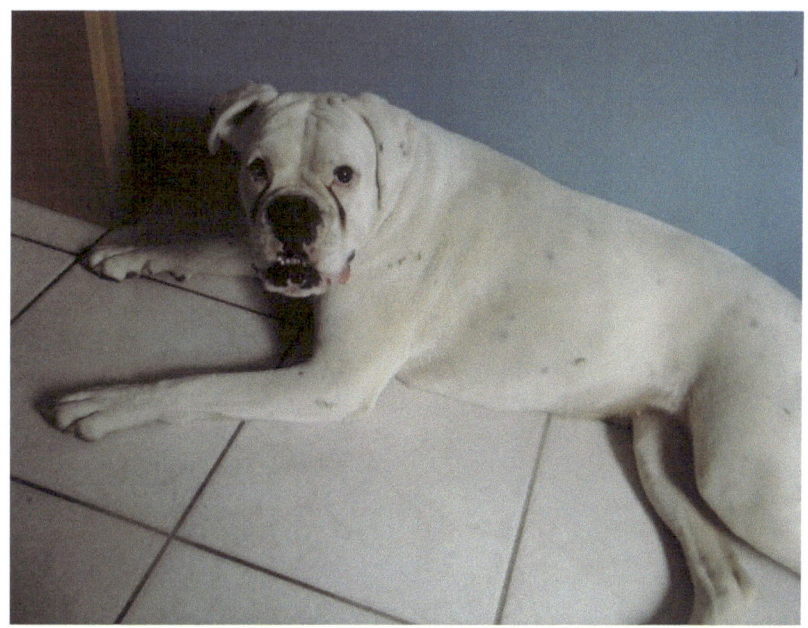

Bibliografische Information der Deutschen Nationalbibliothek:

Die Deutsche Nationalbibliothek verzeichnet diese Publikation in der Deutschen Nationalbibliografie; detaillierte bibliografische Daten sind im Internet über

http://dnb.d-nb.de abrufbar.

© 2020

Herstellung und Verlag: BoD – Books on Demand, Norderstedt

Ketschau, A.

Das kleine Buch vom Deutschen Boxer

ISBN 9783750469006

Bildmaterial + Texte: A. Ketschau

HINWEIS / Haftungsausschuss:

Obwohl ich die Informationen in meinem Buch sorgfältig recherchiert habe, kann ich nicht ausschließen, dass sich irgendwo Fehler eingeschlichen haben. Eine Haftung für Schäden, gleich welcher Art, schließe ich aus!

Verwendete Handelsnamenmarken wurden gekennzeichnet.

Ich habe in diesem Buch vielfach meine eigene Meinung geäußert und auch mit Kritik nicht gespart. Für viele Dinge gibt es unterschiedliche Meinungen und Lösungsansätze. In diesem Buch gegebene Ratschläge müssen nicht in allen Fällen gelten oder die einzig richtigen sein. Sie spiegeln z.T. meine eigene Meinung und Erfahrungen wieder und sind nicht in jedem Fall wissenschaftlich belegt.

INHALT

Die Geschichte des Deutschen Boxers

Der Deutsche Boxer ist eine alte Rasse, deren Exterieur sich in den letzten Jahren modernisiert und angepasst hat. Bereits im Mittelalter wird von boxerähnlichen Hunden berichtet. Der Deutsche Boxer war ursprünglich Jagd- und Metzgerhund. Heute wird er überwiegend als sportlicher Familien- und Begleithund geschätzt. Er findet aber immer noch Einsatz als Polizeihund, gehört er doch den anerkannten Diensthunderassen an. Der Boxer polarisiert: man liebt ihn, oder man findet ihn abstoßend. Bei guter Zucht, Aufzucht und Haltung ist er ein loyaler, anhänglicher Begleiter, der mit seinen Menschen durch dick und dünn geht.

Die Jagd auf wehrhaftes Wild war im Mittelalter dem Adel vorbehalten. Man hielt an den Höfen Hunde unterschiedlicher Typen und Rassen als Jagdhelfer: Saufinder, Saupacker, Hetzhunde (Sichtjäger) und Schweißhunde (verfolgen die Blutspur des angeschossenen Wildes). Für die damalige Zeit waren die Hunde gut gepflegt. Das Zuchtziel war vor allem die Leistung. Obwohl die Hunde ein gewisses ähnliches Aussehen hatten, spielte dieses bei der Zucht eine eher untergeordnete Rolle. Die Vorfahren des Deutschen Boxers waren Saupacker, die bei der Wildschweinjagd halfen. Der Brabanter oder Kleine Bullenbeißer ist ein Hund dieses Typs. Er gilt als unmittelbarer Vorfahre des Deutschen Boxers. Ab dem 17. Jahrhundert wurden diese Hunde in Brabant (Belgien), Polen und Deutschland gezüchtet. Anfang des 18. Jahrhunderts wurde der Bullenbeißer als mittelgroßer, gelber, manchmal gestromter Hund mit breitem, kurzem Kopf und schwarzer Maske, kurzer Nase und vorstehendem Unterkiefer beschrieben. Die Gebissform war bei der Jagd vorteilhaft, denn die Hunde, die Saupacker genannt wurden, sollten das Wild, insbesondere Wildschweine, mit der Schnauze packen und festhalten. Durch die zurückgesetzte Nase konnte der Hund weiteratmen und musste das Wild nicht zwischendurch loslassen.

Als Folge der Französischen Revolution verschwanden Anfang des 19. Jahrhunderts die Fürstenhöfe auch in Deutschland. Damit sah auch die Ära der herrschaftlichen Jagd und der Jagdhunde ihrem Ende entgegen. Fortan änderten sich auch die Aufgaben der Kleinen Bullenbeißer. Die Hunde dienten von nun an „den kleinen Leuten" als Wach- und Schutzhunde. Leider missbrauchte man sie auch zur Volksbelustigung, indem sie gegen Stiere kämpfen mussten, was „Bullenbeißen" genannt wurde. Erst 1835 wurden diese barbarischen Kämpfe in England verboten, fanden aber im Verborgenen noch gut 50 Jahre später statt. Der Bullenbeißer war später als Metzgerhund beliebt, der beim Treiben und Festhalten des Schlachtviehs half. Der Einsatz als Metzgerhund bewahrte diesen Hundetyp vor dem Aussterben. Eine planmäßige Zucht gab es zu dieser Zeit allerdings schon lange nicht mehr. Viele andere Hunderassen hinterließen ihre Spuren in den Bullenbeißern. Besonders der English Bulldog wurde häufig eingekreuzt. Durch die vielen unterschiedlichen Einkreuzungen blieb der Hundetyp des frühen Boxers nicht einheitlich. Viele Hunde hatten weißes Fell, den kurzen, dicken Kopf der Bulldogge und ihren schweren Körperbau geerbt. Der Hundetyp wurde unterschiedlich bezeichnet. Man nannte ihn weiterhin Bullenbeißer, aber auch Bulldogge. Mitte bis Ende des 19. Jahrhunderts bezeichnete man diese Hunde als „Boxdogge". Brehm bezeichnete die Hunde als „groß und kräftig gebaut, etwas plump, die Schnauze vorne gerade, abgestutzt, treu, kraftbewusst und selbstständig". Einige Jahre später beschreibt der Jagd- und Tiermaler Ludwig Beckmann den Boxer in seinem Buch der Hunderassen. Die Hunde seien groß, wohlgestaltet, rasch beweglich und energisch, hätten ockergelbes Fell, eine schwarze Nase, sie seien selten gestromt, vom Charakter zuverlässig. Ludwig Beckmann und auch später (1894) der Tiermaler und Kynologe Richard Strebel hofften, dass sich die Zucht dieser Hunde in geordneten Bahnen befinden würde. Woher der Name „Boxer" kommt, ist nicht eindeutig geklärt. Da die Hunde sich beim Rangeln oftmals auf die Hinterläufe stellen und den Gegner mit den Vorderpfoten bearbeiten, erinnert diese

Erscheinung ein wenig an menschliche Boxer im Ring. Deshalb nannte man sie wohl „Boxdogge". Ende des 19. Jahrhunderts waren Boxer bzw Bullenbeißer von uneinheitlicher Gestalt in München und Umgebung verbreitet. Friedrich Roberth, Elard König und Rudolf Höppner gründeten 1895 den Boxer-Klub. Sie wollten den Boxer einheitlich in Wesen und Erscheinung züchten und ihn bekannt machen. Der erste Rassestandard für den Deutschen Boxer wurde 1896 aufgestellt. Die erste Zuchtschau wurde vom Klub am 29. März 1896 organisiert. Die meisten gezeigten Boxer ähnelten dem schweren Bulldog-Typ. Der gelbe Rüde Flock Sankt Salvator kam dem Idealbild des gewünschten Typs schon recht nahe und wurde viel in der Zucht eingesetzt. Er gilt als einer der Stammväter des modernen Boxers. Flocki, der Rüde Wotan, sowie die lohfarbene Hündin Mirzel und die gescheckte (fast weiße) Hündin Meta von der Passage waren die Blutlinienbegründer der Rasse. Fast alle heute lebenden Boxer stammen irgendwie von diesen Hunden ab. Meta brachte in Verbindung mit Wotan und Flocki viele gute Boxer hervor. Die Züchterin Friederun Stockmann sei an dieser Stelle erwähnt, die den Boxern ihr Leben widmete. 1910 wurde ihr Zwinger „vom Dom" in das Vereinsregister des Boxer-Klubs eingetragen. Sie war auch als Bildhauerin tätig und verewigte den Boxer auf diese Weise. Über die beiden Weltkriege rettete sie einige ihrer Hunde und führte ihre damals schon bekannte Zucht fort. Friederun Stockmann züchtete über 60 Jahre lang Boxer und ihr Zwinger stellte viele Champions. Ihre Hunde sind in allen heute bekannten Linien vertreten.

1896 wurde der erste Standard aufgestellt, und eine rasche Verbesserung des Gebäudes wurde erreicht. Früher sollten Boxer einen „verkürzten Doggenkopf mit Scherengebiss" haben. Der Standard wurde erstmals 1902 festgehalten und 1905 überarbeitet. Nach dem neuen Standard sollte der Boxer einen Vorbiss haben, der Unterkiefer im Verhältnis zum Oberkiefer hervorstehen. Der Fang sollte etwa halb so lang wie der Oberkopf sein. Der Deutsche Boxer wurde 1924 als Diensthund anerkannt.

Damals waren die Boxer rund 45-55 cm groß, am Widerrist gemessen. Die Eignung als Diensthund forderte eine größere Schulterhöhe, und so wurde ein Widerristmaß von 53-63 cm festgelegt. In den Folgejahren wurden die Farben Weiß, Gescheckt und Schwarz aus dem Standard gestrichen. Danach blieb der Standard lange Zeit unverändert bestehen. Inzwischen ist aus dem ehemaligen Bullenbeißer ein recht eleganter und ansprechender Hund geworden. Dabei muss auch immer auf Wesensfestigkeit geachtet werden. Der Boxer darf weder scheu, ängstlich noch aggressiv sein. Er soll mutig und schneidig sein, aber freundlich und lieb zu Kindern. In früheren Jahren wurden Ohren und Ruten des Deutschen Boxers verstümmelt („kupiert"), was ihm nicht nur ein (meiner Meinung nach – aber da gehen die Meinungen auseinander…) äußerst unvorteilhaftes, unsagbar hässliches und unnatürliches Aussehen verpasste, sondern ihm auch große Schmerzen und Probleme zufügte. Der Schwanz der Welpen wurde im Alter von wenigen Tagen nach wenigen Schwanzwirbeln gekappt. Meist wurde die Wunde nicht vernäht. Dem Welpen fügte das grauenvolle Schmerzen zu. Neugeborene Welpen empfinden Schmerzen noch wesentlich stärker als erwachsene Hunde, denn die Welpen wurden oftmals nicht einmal betäubt. In England wurden Teile der Rute oft mit einem Gummiband abgeklemmt. Durch die unterbrochene Blutzufuhr starb der abgebundene Teil der Rute nach einigen Tagen ab und fiel vom Rest des Schwanzes ab. Die Ohren wurden in dreieckiger Form zurecht geschnitten und Wochen oder Monate lang in ein Metallgestell eingeklemmt oder mittels Tampons nach oben gehalten. Durch das Verhärten des Knorpels standen die Ohren dann nach einiger Zeit aufrecht. Ein solches Verstümmeln eines Tieres hat – im Gegensatz beispielsweise zu einer Kastration – keinen Nutzen oder Vorteil. Der Eingriff führt zu langanhaltenden Schmerzen und Problemen. Beim Verstümmeln der Ruten werden die Hunde zudem wichtiger Kommunikationsmittel beraubt. Dabei ist das entstellende Äußere des Hundes, das durch die Verstümmelungen unweigerlich entsteht, noch eher zweitrangig. Kupieren bietet keinerlei Vorteile, weder gesundheitlich noch anderweitig. Es verunstaltet lediglich den Hund und fügt ihm Schmerzen zu. Allenfalls sind (Teil-) Amputationen nach Unfällen oder Erkrankungen zu rechtfertigen, wenn dadurch die Lebensqualität des Hundes erheblich erhöht wird und eine Heilung der Rutenwirbel nicht möglich ist. Das Verstümmeln der Ruten ist seit 1998 in Deutschland verboten, das Verstümmeln der Ohren bereits seit 1987. Auch in Österreich und der Schweiz ist das Kupieren verboten. Der Rassestandard wurde entsprechend angepasst. Die Rute ist die verlängerte Wirbelsäule. Sie hilft dem Hund, das Gleichgewicht zu halten (etwa bei Wendungen und Sprüngen) und dient außerdem als wichtiges Ausdrucksmittel. Allenfalls bei nicht behandelbaren Erkrankungen oder Verletzungen ist ein Beschneiden durch einen Tierarzt gestattet. Der Tierarzt kann eine entsprechende Bescheinigung ausstellen. Kupierte Hunde dürfen ohne eine solche Bescheinigung zu Recht auf Zuchtschauen nicht mehr gezeigt werden! Durch eine solche Bescheinigung kann man auch Rutendeformationen aufdecken, also entweder eine krankhafte angeborene Rutenanomalie oder eine durch einen Unfall verletzte Rute.

Ebenso werden – seltener vorkommende – angeborene Stummelruten im Zuchtbuch festgehalten. Es gibt Menschen, denen kupierte Hunde optisch besser gefallen. Über Geschmack lässt sich streiten. Man muss aber bedenken, welche Leiden das Kupieren dem Hund zufügt. Über Äußerlichkeiten lässt sich streiten – über Qual und gesundheitliche Nachteile für den Hund nicht. Eine Kastration – auch wenn man sich über den Sinn und Unsinn von Kastrationen ebenfalls streiten kann – hat verschiedene Vorteile, sie kann auch zu dem einen oder anderen Nachteil führen. Kupieren diente aber lediglich dem Zweck, dass Aussehen des Hundes zu verändern. Wer den Hund optisch verändern möchte, sollte das durch gezielte Zucht tun, nicht durch Operationen. Aber warum sollte man den Deutschen Boxer optisch verändern wollen? Ist er nicht schön genug?

Im Zweiten Weltkrieg machte der Boxerrüde „Mathias von Westen" von sich reden, der 17 Verwundeten das Leben rettete und dafür mit dem Eisernen Kreuz ausgezeichnet wurde. Mathias war drei Jahre alt, als er für den Ersten Weltkrieg eingezogen wurde. Er kam an die Ostfront, zusammen mit drei weiteren Hunden. Einen dieser Hunde traf schon nach wenigen Tagen ein Splitter aus einer sowjetischen Granate. Ein anderer starb an der Ruhr. Der dritte wurde erschossen. Dann war Mathias allein. Sein Herr war ebenfalls nicht mehr am Leben. Aber Mathias rettete Leben. Er unterschied nicht zwischen Freund und Feind, er rettete Leben. Er führte seine Kompanie zu jedem Verwundeten, den er fand. Bei einem harten Gefecht wurde der ganze Zug auseinander getrieben. Auch Mathias war verschwunden. Zwei Wochen später tauchte Mathias wieder auf, bei einer anderen Einheit, die von seinen Heldentaten aber schon gehört hatte. An diesem Tag wurde im Regimentsbefehl vermerkt, dass Mathias zur Gruppe gestoßen war, der über 200 Kilometer zurückgelegt hatte. Wahrscheinlich auch zwischen den Fronten. Nicht bei allen Männern stieß Mathias auf Gegenliebe, aber ein Oberleutnant setzte sich für ihn ein. Einige Tage später rettete Mathias seinen neuen Hundeführer und zwei weitere Männer aus einem

Granatenloch. Er kroch vor ihnen her und zeigte ihnen den Weg zurück zur Kompanie. Von da an gehörte Mathias zur Truppe. Mathias mit der Feldpostennummer 20871 bekam 1943 das Eiserne Kreuz für seine Verdienste verliehen. Er wurde zweimal schwer verwundet und kehrte schließlich an die Heimatfront zurück. Mathias überlebte den Krieg. Im Ersten Weltkrieg machte Boxer „Tünnes" von sich reden. Hauptmann Gerd Schroeder, Heeresführer und Luftwaffenoffizier, hatte ihn jahrelang bei sich. Zu Aufklärungsflügen hinter den feindlichen Linien wurde er nicht mitgenommen, sein Herr setzte ihn neben seiner Aktentasche, die er dann verantwortungsvoll und unbestechlich bewachte, am Rand des Flugfeldes ab. Tünnes freute sich immer sehr, wenn die Maschine mit seinem Herrn wieder landete, er verwechselte sie nie, auch wenn einmal mehrere Maschinen gleichzeitig landeten. Bei Flügen über den eigenen Linien durfte Tünnes mitfliegen, setzte seine Pfoten auf die Fensterkante und beobachtete die Welt unter sich. Tünnes ist seit den Rückzügen, wo er entweder auf einem Panzer mitfuhr oder Fußkolonnen begleitete, verschollen.

Smilla auf der Futterfährte.

Erscheinung und Charakter

Der FCI-Rassestandard beschreibt die idealen Vorstellungen des äußeren Gebäudes und des Charakters der Rasse. Die meisten Boxer entsprechen diesem Standard mehr oder weniger. Hier und da weichen auch Boxer vom Standard ab. Solange Fehler das Wesen und die Gesundheit des Hundes nicht negativ beeinflussen, sollten sie hin genommen werden. Allerdings sollten solche Hunde nicht oder nur unter Vorbehalt in die Zucht. Es gibt auch Züchter, die von dieser Norm abweichen. So lässt der Standard keine weißen Boxer zu. Es fallen aber immer wieder weiße Boxer, auch in diesem Buch sind viele Fotos einer weißen Boxerhündin zu sehen. Diese Hündin ist nicht taub oder blind. Sie hat keine Probleme mit den Krallen, obwohl alle weiß sind. Smilla ist menschenfreundlich, agil und lebensfroh und ein echter Sonnenschein.

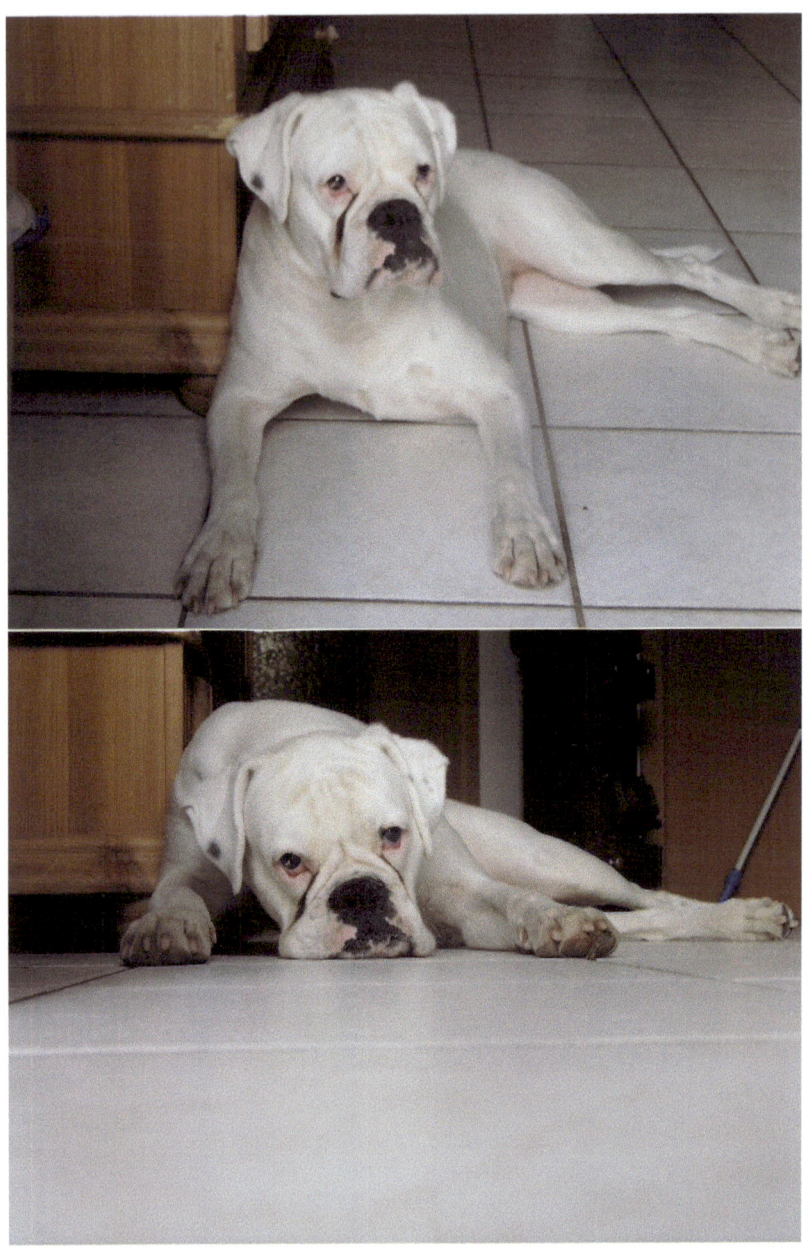

Der Boxer zählt nach Klassifikation der FCI (Fédération Cynolo-
quiqe Internationale) zur Gruppe 2, Sektion 2, Molosser und Dog-
genartige Hunde mit Arbeitsprüfung. Beim Deutschen Boxer sind
als Arbeitsprüfung die Gebrauchshundprüfung (früher Schutzhundprüfung genannt und später Vielseitigkeitsprüfung für Gebrauchshunde) sowie die Fährtenhundprüfung zugelassen. Damit sollen Gesundheit, Arbeitsfähigkeit und ursprüngliche Verwendung nachgewiesen werden. Bei Verpaarungen zweier Boxer muss mindestens ein Elter eine solche Prüfung nachweisen
können. Der Boxer ist ein mittelgroßer, kurzhaariger Hund, der
Kopf muss proportional zum Körper passen. Der Nasenrücken ist
etwa halb so lang wie der Oberkopf. Der Deutsche Boxer beißt
vor, d.h. der leicht nach oben gebogene Unterkiefer überragt
den Oberkiefer ein wenig. Das Gebiss hat 42 Zähne. Die Zähne
sollen bei geschlossenem Fang nicht sichtbar sein. Das Fell ist
kurz und hart. Es hat keine sichtbare Unterwolle. Als Farbe zugelassen sind alle Töne von Gelb, Lohfarben und Rot sowie Gestromt. Gestromte Boxer haben eine schwarze Längsstromung

auf dem gelben, lohfarbenen oder roten Fell, also in Richtung der Rippen verlaufende Streifen. Schwarze Gesichtsmaske und weiße Abzeichen kommen ebenfalls häufig vor. Es gibt auch gescheckte und reinweiße oder fast weiße Boxer. Auf diese wird später noch gesondert eingegangen. Der Standard lässt Weiße und Schecken seltsamerweise nicht zu, obwohl sie recht ansprechend wirken und die Rasse ohne Weiße und Schecken gar nicht in ihrer heutigen Form existieren würde. Boxer, bei denen die weiße Farbe mehr als ein Drittel des Körpers einnimmt, gelten als nicht standardkonform. Farbige Boxer haben oft schwarze Gesichtsmasken. Gemäß Standard sollen Hündinnen am Widerrist 53-59 cm messen, Rüden 57-63 cm. Das Gewicht soll bei Hündinnen 24-28 kg betragen, bei Rüden 30-35 kg. Oft sind Rüden deutlich größer und kräftiger als Hündinnen. Es gibt aber auch größere Hündinnen sowie kleinere Rüden. Der Deutsche Boxer ist nervenstark, selbstbewusst, ruhig und ausgeglichen. Er darf nicht aggressiv oder ängstlich sein, auch fehlendes Temperament ist nicht erwünscht. Der Boxer gehört bei uns – nicht zuletzt wegen seines ausgeglichenen Wesens – zu den beliebtesten Rassehunden. Neben seinem Einsatz als Dienst- und Gebrauchshund ist er mit entsprechender Auslastung auch ein geeigneter und anhänglicher Familien- und Begleithund, der seine Menschen liebt und ihnen immer ein treuer Kamerad ist. Unter dem Begriff „Gelb" sind gelbe, lohfarbene (orange) sowie dunkelrote (hirschrote) Boxer zusammengefasst. Gelbe bzw lohfarbene und rote Boxer haben schwarze oder blaue Hautpigmentierung, was sie deutlich von braunen Hunden unterscheidet, bei denen die Haut braun ist. Beim Boxer nennt man die Farbe auch Hellgelb, Goldgelb, Rotgelb (Loh, Tan, Orange, Sable) oder Hirschrot. Rotbraun kann ein Hund in dem Sinne allerdings nicht sein, denn ein brauner Hund hat braune Haut. Der Begriff „Rotbraun" dient eher einer genaueren Beschreibung des Braun- oder Rottons, korrekt ist er allerdings nicht. Oder ein brauner Hund hat rote Abzeichen. Die Ausprägung des Rottons wird durch Nebengene beeinflusst. Deshalb erscheint der Rotton von Hellgelb über Lohfarben bis Dunkelrot. Gestromte Boxer haben schwarze

Längsstreifen, ähnlich wie ein Tiger. Meist hat der Hund eine normale Grundfarbe mit der zusätzlichen Stromung. Manche Boxer wirken dabei fast schwarz, allerdings ist Reinschwarz nicht zugelassen. Man hatte auch versucht, schwarze Boxer zu züchten, indem ein schwarzer Schnauzer eingekreuzt wurde. Diese Kreuzlinge wurden allerdings nicht anerkannt. Schwarze Boxer gibt es also nicht, es fallen aber immer wieder Weiße und Schecken. Schon mit Beginn der Reinzucht gab es weiße Boxer. Die Hündin Meta von der Passage war weiß und hatte dunkle Abzeichen. Heute sind weiße Boxer relativ selten, obwohl sie immer wieder in Würfen fallen. Früher wurden Boxer bevorzugt als Dienst- und Militärhunde eingesetzt. Dabei wurde die weiße Farbe oft als hinderlich angesehen, weil weiße Hunde ein gut sichtbares Ziel abgaben. 1934 legte der Reichsverband für das Deutsche Hundewesen fest, dass überzählige Welpen ermordet werden mussten, d.h., hatte eine Hündin mehr als 6 Welpen im Wurf, wurden die übrigen getötet. Dabei traf es überwiegend weiße Welpen. Denn wenn schon Selektieren, dann Welpen, die man sowieso „schlecht loswird". Ab 1941 wurden nicht nur weiße, sondern auch alle gescheckten Welpen ermordet. Erst 1972, als ein neues Tierschutzgesetz in Kraft trat, wurde das Töten von Wirbeltieren ohne vernünftigen Grund verboten. Wie hoch die Dunkelziffer der dennoch grausam ermordeten Welpen liegt, lässt sich kaum bestimmen, denn „Züchter", die so etwas tun, melden es nicht dem Zuchtbuchamt und bemühen auch in den seltensten Fällen einen Tierarzt. Der Boxer-Klub München e.V. lässt zwar bis heute keine weißen Boxer zur Zucht oder auf Ausstellungen zu, gibt aber für sie Ahnentafeln heraus bzw nimmt sie in das Zuchtbuch auf. Es gibt aber Züchter, die bevorzugt weiße Boxer züchten (außerhalb des Boxer-Klubs). Weiße Boxer haben die selben Eigenschaften wie ihre farbigen Vettern. Sie sind freundlich, gute Familien- und Begleithunde und machen auch im Hundesport und als Arbeitshunde, beispielsweise als Rettungshunde, eine gute Figur. Weiße Boxer sind oft die Kräftigsten und Typvollsten ihrer Rasse. Weiße Boxer haben oft einen niedrigeren Kaufpreis, da sie nicht standardkonform sind. Sie sollten aber genauso sorgfältig aufgezogen werden wie ihre farbigen Geschwister. Bleibt zu hoffen, dass die Bemühungen der Liebhaber und Züchter irgendwann von Erfolg gekrönt sind und die Weißen und Schecken wieder zugelassen werden. Ein ähnliches Szenario hatten wir jahrelang bei den Deutschen Schäferhunden: weiße Welpen wurden rigoros aussortiert. Dabei sind Weiße Schweizer Schäferhunde im Vergleich zu vielen anderen Rassen und gerade im Vergleich zum Deutschen Schäferhund gesundheitlich viel robuster und haben ein tolles Wesen. Sie sind seit 2003 als eigene Rasse von der FCI anerkannt – wollen wir hoffen, dass auch den weißen und gescheckten Boxern eines Tages die Anerkennung zuteil wird, die ihnen zusteht. Es muss dabei ja nicht gleich eine neue Boxer-Rasse entstehen. Weiße und gescheckte Boxer sollten aber durchaus wieder ihren Platz in der Rasse finden. Die Vereine täten gut daran, die Weißen und Schecken unter ihre Fittiche zu nehmen. Bemühungen seitens der Vereine und einzelner Züchter in dieser Richtung scheinen zum Teil schon in Angriff genommen worden zu sein. Was sich daraus entwickelt, wird die Zukunft zeigen.

Die meisten Boxer haben eine schwarze Maske (Gesichtspartie von Schnauze und Augen). Die schwarze Maske kann bei den einzelnen Rassevertretern unterschiedlich ausgeprägt sein und ist bei weißen Boxern oft (fast) gar nicht vorhanden. Erwünscht ist eine Maske, die nur den Fang betrifft und sich von der restlichen Fellfarbe abhebt. Bei farbigen Boxern soll das Weiß nicht mehr als ein Drittel der Körperfarbe ausmachen. Häufig haben Brust, Pfoten, Bauch, Kopf und Rutenspitze weiße Abzeichen. Auch auf den Hals und andere Körperpartien kann sich das Weiß ausbreiten. Scheinbar wird die weiße Farbe gekoppelt mit boxertypischen Merkmalen vererbt. Schließt man weiße Boxer und solche mit weißen Abzeichen konsequent von der Zucht aus, verlieren sich auch viele boxertypische Merkmale wie etwa die typische Kopfform, die Knochen werden feiner und die Masken bilden sich zurück. Im Übrigen sollten Gesundheit und Wesen Vorrang vor Äußerlichkeiten haben und weiße Boxer sind durchaus recht ansprechende Hunde. Durch das weiße Fell strahlen sie viel Freundlichkeit aus, was natürlich in erster Linie ein subjektiver Eindruck ist. Aber es ist ein „Pro-Argument" weißer Boxer! Weiße Boxer sind nicht anfälliger als farbige!

Boxer sind verspielt und liebevoll, manchmal etwas ungestüm. Ältere und gebrechliche Personen sowie kleine Kinder sollten also aufpassen bzw der Boxerbesitzer sollte aufpassen! Der Boxer ist immer gut gelaunt, immer zu Schabernack aufgelegt. Der Boxer ist freundlich und gutmütig, jedoch im Ernstfall äußerst wehrhaft. Von einer Sekunde auf die andere ist aus dem verspielten Boxer ein Kraftpaket geworden, das seine Menschen verteidigt und sich nicht einschüchtern lässt. Natürlich sollten nur wesensfeste Boxer zur Zucht benutzt und jeder Welpe bestmöglich sozialisiert und erzogen werden. So wird der Boxer am leichtesten zu einem zuverlässigen Gefährten. Allein die Anwesenheit eines Boxers hinter einem Zaun lässt potenzielle Bösewichte schnell von ihrem Vorhaben absehen. Boxer sind ausdauernd und gute Beobachter ihrer Menschen und Umgebung. Der Boxer ist eigenwillig und trifft gerne eigene Entscheidungen, wenn man ihn denn lässt. Boxer lieben ihre Menschen, aber sie brauchen sinnvolle Auslastung wie z.B. Nasenarbeit. Bei ungenügender Erziehung und Auslastung haben Boxer nur Flausen im Kopf. Der Boxer ist sensibel und muss gerecht und konsequent, aber nicht mit Härte erzogen werden. Wer seinen Boxer artgerecht erzieht und gut mit ihm umgeht, hat einen Freund für's Leben gefunden, der mit seinem Herrn durch Dick & Dünn geht. Der Boxer ist gegenüber seiner Familie sehr anhänglich und schließt auch schnell Freundschaft mit Fremden. Gut erzogen und ausgelastet, sind Boxer keine Kläffer. Aber am Grundstück vorbei gehende Fremde werden schon einmal kurz gemeldet. Boxer bewachen „ihr" Haus und „ihr" Grundstück. Wenn jemand das Grundstück betritt, kann der Boxer das durchaus kurz mit einem Wuffen quittieren. Hündinnen sind etwas territorialer veranlagt als Rüden, da sie schon instinktmäßig den Nachwuchs verteidigen, selbst wenn sie noch nie Welpen hatten. Der Boxer braucht viel

Auslauf und Beschäftigung, dann bleibt er auch mal fünf oder sechs Stunden alleine. Dabei aber immer auf ausreichende Bewegung und Auslastung achten, sonst geht der Boxer in der Wohnung auf Wanderschaft und schaut, was er anstellen kann! Boxer sind quicklebendig und temperamentvoll auch im hohen Alter, und ein Boxer kann durchaus ein Alter von etwa 16 Jahren erreichen, was natürlich nicht heißt, dass alle Boxer so alt werden. Aber mit einer Lebenserwartung zwischen 10 und 16 Jahren kann man beim Boxer durchaus rechnen. Vor der Anschaffung eines Boxers sollte man auch den zeitlichen Aufwand und die Kosten bedenken. Ein Boxer mit Ahnentafel aus guter Zucht kostet rund 1000 € (Preise können nach oben und unten etwas schwanken), dazu kommt die Grundausstattung (Leine, Halsband, Näpfe, Spielzeug, Pflegeartikel usw), die ebenfalls mit mehreren Hundert € zu Buche schlagen kann; je nach Ausführung kann die Grundausstattung aber auch etwas günstiger sein. Für den jährlichen Unterhalt des Boxers sollte man rund 1000 € veranschlagen, die Kosten können allerdings schwanken und eine unvorhergesehene Behandlung beim Tierarzt kann die Kalkulation ins Wanken bringen. Eingerechnet in obigen Betrag sind Tierarztkosten (Impfungen ect.), Futter, Versicherung und Steuer. Für den eventuellen Aufenthalt in einer Tierpension oder Hundetagesstätte, die Teilnahme an Zuchtschauen, hundesportlichen Veranstaltungen oder eventuelle Hundeschulbesuche sind – falls gewünscht - ebenfalls mehr oder weniger regelmäßige Ausgaben zu entrichten, die bei der jeweiligen Institution anzufragen sind. Der Boxer sollte täglich etwa 2 bis 3 Stunden spazieren gehen und braucht auch zusätzliche Anregungen, sei es Nasenarbeit, Agility oder was auch immer. Der Boxer muss von Welpe an erzogen werden. Auch wenn er durch sein kurzes Fell relativ pflegeleicht ist, muss er artgerecht gepflegt werden. Neben seinen Spaziergängen und der Beschäftigung draußen braucht er unbedingt engen Kontakt zu seinen Menschen und Kuschelrunden in der Wohnung. Auf keinen Fall gehört er dauerhaft auf das Grundstück gesperrt, stundenweiser Aufenthalt im Freien ist aber möglich, wenn der Hund ansonsten mit ins Haus darf und vollwertiges Familienmitglied ist. Der erwachsene Boxer sollte etwa 5-6 Stunden alleine bleiben können (Welpen anfangs noch nicht ganz so lange), bei längerem Alleinesein bitte nach einer Alternative wie einem privaten Hundesitter oder einer Hundetagesstätte umsehen! Boxer sind lebhaft und agil, ihr Mensch sollte dem kräftigen Boxer gewachsen sein und sich täglich einige Stunden in der Natur mit ihm bewegen. Eine Stadtwohnung ist für die Boxerhaltung nicht ideal, aber möglich, wenn man genügend Möglichkeiten für Auslauf und Beschäftigung in der Natur hat. Ein Häuschen mit Garten am Waldrand oder in ländlicher Umgebung wäre natürlich besser. Welpen und Junghunde sollten allerdings nicht zuviele Treppen steigen, das könnte ihre Gelenke schädigen. Der Boxer braucht unbedingt artgerechte Auslastung. Andernfalls sucht er sich eine Ersatzbeschäftigung, allerdings nicht unbedingt zur Freude seiner Besitzer. Der Boxer hat ein charmantes, einnehmendes Wesen. Aber er weiß auch was er will, und wenn Herrchen oder Frauchen dem zu oft nachgeben, können sich daraus ungeahnte Probleme entwickeln. Im Umgang mit dem Boxer sollten sich Liebe, Geduld und Konsequenz die Waage halten. Verbote und Gebote sollten stets dieselben bleiben.

Der FCI-Rassestandard

Änderungen des Standards

Neufassung des geänderten Standards des Deutschen Boxers, FCI-Nr. 144, wie vom BK am 10.05.2006 beantragt und von der FCI am 01.04.2008 publiziert.

Die kupierte Rute wird auf Weisung der FCI nicht ausdrücklich als "Fehler" gekennzeichnet, das bedeutet, dass in Ländern ohne Kupierverbot bzw. ohne entsprechende Verordnungen,

kupierte Ohren und Ruten akzeptiert werden, also nicht be-
nachteiligt werden dürfen.

F.C.I.-Standard Nr. 144 / 09.07.2008 / D
Deutscher Boxer

Ursprungsland: Deutschland
Datum der Publikation des gültigen Originalstandards:
01.04.2008
Verwendung: Begleit-, Schutz- und Gebrauchshund
Klassifikation FCI: Gruppe 2; Sektion 2.1 Molosser und doggen-
artige Hunde. Mit Arbeitsprüfung
Kurzer geschichtlicher Überblick

Als unmittelbarer Vorfahre des Boxers gilt der Kleine bzw.
Brabanter Bullenbeißer. Die damalige Zucht der Bullenbeißer
lag meistens in den Händen von Jägern, denen er zur Jagd
diente. Seine Aufgabe war es, das von den Hetzhunden getrie-
bene Wild zu packen und festzuhalten, bis der Jäger kam und
die Beute erlegte. Für diese Aufgabe musste der Hund ein
möglichst breites Maul mit breitem Zahnstand haben, um sich
richtig festzubeißen und auch festzuhalten. Jeder Bullenbeißer,
der diese Merkmale hatte, war für seine Aufgabe am besten
geeignet und kam somit auch zur Weiterzucht, die früher nur
nach der Tätigkeit und dem Verwendungszweck erfolgte. So
wurde auch eine Zuchtauslese betrieben, die einen breit-
schnauzigen Hund mit aufgestülptem Nasenschwamm hervor-
brachte.

Allgemeines Erscheinungsbild:

Der Boxer ist ein mittelgroßer, glatthaariger, stämmiger Hund
mit kurzem, quadratischem Gebäude und starken Knochen.
Die Muskulatur ist trocken, kräftig entwickelt und plastisch hervortretend. Die Bewegungen sind lebhaft, voll Kraft und Adel.
Der Boxer darf weder plump noch schwerfällig, noch leibarm
oder windig erscheinen.

Wichtige Maßverhältnisse (Proportionen):

a) Länge des Gebäudes: Widerristhöhe Das Gebäude ist quadratisch, d.h. die Begrenzungslinien, eine waagerechte den Rücken und je eine senkrechte die Bugspitze bzw. die Sitzbeinhöcker berührend, bilden ein Quadrat.

b) Brusttiefe: Widerristhöhe Die Brust reicht bis zu den Ellenbogen. Die Brusttiefe beträgt die Hälfte der Widerristhöhe.

c) Länge des Nasenrückens: Länge des Kopfes: Die Länge des Nasenrückens verhält sich zur Länge des Oberkopfes wie 1:2 (gemessen von der Nasenkuppe bis zum inneren Augenwinkel bzw. vom inneren Augenwinkel bis zum Hinterhauptbein).

Verhalten und Charakter:

Der Boxer soll nervenstark, selbstbewusst, ruhig und ausgeglichen sein. Sein Wesen ist von allergrößter Wichtigkeit und bedarf sorgsamster Pflege. Seine Anhänglichkeit und Treue gegenüber seinem Herrn und dem ganzen Haus, seine Wachsamkeit und sein unerschrockener Mut als Verteidiger sind von Alters her berühmt. Er ist harmlos in der Familie aber misstrauisch gegenüber Fremden, heiter und freundlich beim Spiel, aber furchtlos im Ernst. Er ist leicht auszubilden vermögens seiner Bereitschaft zur Unterordnung, seines Schneides und Mutes, seiner natürlichen Schärfe und seiner Riechfähigkeit. Bei seiner Anspruchslosigkeit und Reinlichkeit ist er gleich angenehm und wertvoll in der Familie wie als Schutz-, Begleit- oder Diensthund. Sein Charakter ist bieder, ohne Falschheit und Hinterlist, auch im höheren Alter.

Kopf:

Er verleiht dem Boxer das Gepräge, muss in gutem Ebenmaß zum Körper sein und darf weder zu leicht noch zu schwer erscheinen. Der Fang soll möglichst breit und mächtig sein. Die

Schönheit des Kopfes beruht auf dem harmonischen Größenverhältnis zwischen Fang und Oberkopf. Von welcher Richtung der Kopf auch betrachtet werden möge, von vorn, von oben oder von der Seite, immer muss der Fang im richtigen Verhältnis zum Oberkopf stehen, d.h. niemals zu klein erscheinen. Er soll trocken sein, also keine Falten zeigen. Naturgemäß bilden sich jedoch Falten auf dem Oberkopf **bei erhöhter Aufmerksamkeit.**

Von der Nasenwurzel zu beiden Seiten abwärts verlaufend sind Falten stets angedeutet. Die dunkle Maske beschränkt sich auf den Fang und muss sich von der Farbe des Kopfes deutlich abheben, damit das Gesicht nicht finster wirkt.

Oberkopf

Schädel: Der Oberkopf soll möglichst schlank und kantig sein. Er ist leicht gewölbt, weder kugelig kurz, noch flach und nicht zu breit, der Hinterkopf nicht zu hoch. Die Stirnfurche ist nur schwach angedeutet, sie darf besonders zwischen den Augen nicht zu tief sein.

Stop: Die Stirn bildet zum Nasenrücken einen deutlichen Absatz. Der Nasenrücken darf nicht bulldogartig in die Stirn eingetrieben, aber auch nicht abfallend sein.

GESICHTSSCHÄDEL

Nase: Die Nase ist breit und schwarz, ganz leicht aufgestülpt; weite
Nasenlöcher. Die Nasenspitze liegt etwas höher als die Nasenwurzel.

Fang: Der Fang sei mächtig entwickelt in den drei Dimensionen des Raumes, also weder spitz noch schmal, kurz oder flach. Seine Gestalt wird beeinflusst durch

a) die Form der Kiefer
b) die Stellung der Fangzähne und
c) die Beschaffenheit der Lefzen.

Die Fangzähne müssen möglichst weit auseinander stehen und von guter Länge sein, wodurch die vordere Fläche des Fanges breit, fast quadratisch wird und mit dem Nasenrücken einen stumpfen Winkel bildet. Vorne liegt der Saum der Oberlippe auf dem Saum der Unterlippe. Der aufwärts gebogene Teil des Unterkiefers mit der Unterlippe, das Kinn genannt, darf die Oberlippe nach vorne nicht auffällig überragen, noch weniger aber unter ihr verschwinden, sondern er muss sowohl von vorn als auch von der Seite gut markiert sein. Die Fang- und Schneidezähne des Unterkiefers dürfen bei geschlossenem Fang nicht sichtbar sein, ebenso wenig darf der Boxer bei geschlossenem Fang die Zunge zeigen. Der Oberlippenspalt ist gut sichtbar.

Lefzen: Die Lefzen vollenden die Gestalt des Fanges. Die Oberlippe ist dick und wulstig, sie füllt den Hohlraum aus, welcher durch den längeren Unterkiefer entsteht, wobei sie von den Fangzähnen desselben getragen werden.

Gebiss: Der Unterkiefer überragt den Oberkiefer und ist leicht nach oben gebogen. Der Boxer beißt vor. Der Oberkiefer ist breit am Oberkopf angesetzt und verjüngt sich nach vorn nur wenig. Das Gebiss ist kräftig und gesund. Die Schneidezähne sind möglichst regelmäßig in einer geraden Linie angeordnet, die Fangzähne weit auseinander stehend und von guter Größe.

Backen: Die Backen sind dem kräftigen Kiefer entsprechend entwickelt, ohne jedoch zu betont hervorzutreten. Sie gehen vielmehr in einer leichten Wölbung in den Fang über.

Augen: Die dunklen Augen sind weder zu klein noch hervorquellend oder tiefliegend. Der Ausdruck verrät Energie und Intelligenz, er darf nicht drohend oder stechend sein. Die Lidränder müssen eine dunkle Farbe haben.

Ohren: Die naturbelassenen Ohren haben eine angemessene Größe; an den höchsten Stellen des Oberkopfes seitlich angesetzt, liegen sie in Ruhestellung an den Backen an und fallen - besonders wenn der Hund aufmerksam ist - mit einer deutlichen Falte nach vorne.

Hals: Die obere Linie verläuft in einem eleganten Bogen vom deutlich markiertem Genickansatz zum Widerrist. Er soll von reichlicher Länge sein, rund, kräftig, muskulös und trocken.

Körper: Quadratisch. Der Rumpf ruht auf stämmigen, geraden Läufen.

Widerrist: Soll markiert sein.

Rücken: Soll, einschließlich der Lendenpartie, kurz fest, gerade, breit und stark bemuskelt sein.

Kruppe: Leicht geneigt, flach gewölbt und breit. Das Becken soll lang und besonders bei Hündinnen breit sein.

Brustkorb: Tief, bis zu den Ellenbogen reichend. Die Brusttiefe beträgt die Hälfte der Widerristhöhe. Gut ausgebildete Vorbrust. Die Rippen gut gewölbt, aber nicht tonnenförmig gerundet, weit nach hinten reichend.

Untere Linie: Verläuft in einem eleganten Schwung nach hinten. Kurze, straffe Flanken, leicht aufgezogen.

Rute: Der Ansatz eher hoch als tief. Die Rute ist von normaler Länge und bleibt naturbelassen.

Gliedmaßen: Die Vorderläufe müssen von vorn gesehen gerade sein, parallel zueinander stehen und starke Knochen haben.

Schultern: Lang und schräg, straff mit dem Rumpf verbunden; sie sollten nicht zu stark bemuskelt sein.

Oberarm: Lang und zum Schulterblatt in einem rechten Winkel liegend.

Ellenbogen: Weder zu stark an die Brustwand angedrückt noch abstehend.

Unterarm: Senkrecht, lang und trocken bemuskelt.

Vorderfußwurzelgelenk: Kräftig, gut markiert, doch nicht aufgetrieben.

Vordermittelfuß: Kurz, fast senkrecht zum Boden stehend.

Vorderpfoten: Klein, rund, geschlossen, dick gepolsterte Ballen mit harten Sohlen.

Hinterhand: Sehr stark bemuskelt, die Muskulatur bretthart und sehr plastisch hervortretend. Die Hinterläufe sollen von hinten gesehen gerade sein.

Oberschenkel: Lang und breit. Hüft- und Kniegelenkswinkel möglichst wenig stumpf.

Knie: Soll in der Grundstellung so weit nach vorn reichen, dass es eine vom Hüfthöcker zum Boden gezogene Senkrechte noch berührt.

Unterschenkel: Sehr muskulös.

Sprunggelenk: Kräftig, gut markiert, doch nicht aufgetrieben. Der Winkel beträgt ca. 140 Grad.

Hintermittelfuß: Kurz, mit einer geringen Neigung von 95 - 100 Grad zum Boden.

Hinterpfoten: Etwas länger als die vorderen. Geschlossen, dick gepolsterte Ballen mit harten Sohlen.

Gangwerk/Bewegung: Lebhaft und voll Kraft und Adel.

Haut: Trocken, elastisch, ohne Falten.

Haarkleid: Kurz, hart, glänzend und anliegend.

Farbe: Gelb oder gestromt. Gelb kommt in verschiedenen Tönen vor, von hellgelb bis dunkelhirschrot, jedoch sind die in der Mitte liegenden die schönsten (= rotgelb). Schwarze Maske. Die gestromte Varietät hat auf gelbem Grund in den obigen Abstufungen dunkle oder schwarze, in Richtung der Rippen verlaufende Streifen. Grundfarbe und Streifen müssen sich deutlich voneinander abheben. Weisse Abzeichen sind nicht grundsätzlich zu verwerfen, sie können sogar recht ansprechend sein.

Größe: Gemessen vom Widerrist, vorbei am Ellenbogen, bis zum Boden.
Rüden: 57 - 63 cm
Hündinnen: 53 - 59 cm

Gewicht:
Rüden: über 30 kg (bei etwa 60 cm Widerristhöhe).
Hündinnen: ungefähr 25 kg (bei etwa 56 cm Widerristhöhe).

Fehler:

Jede Abweichung von den vorgenannten Punkten muss als Fehler angesehen werden, dessen Bewertung im genauen Verhältnis zum Grad der Abweichung stehen sollte.

Verhalten und Charakter: Mangel an Temperament

Kopf: Mangel an Adel und Ausdruck, finsteres Gesicht, Pinscher- oder Bulldogkopf, Geifern, Zähne oder Zunge zeigen, zu spitzer oder zu leichter Fang, abfallender Nasenrücken, Leder- oder Wetternase, heller Nasenschwamm, so genanntes Raubvogelauge, nicht durchgefärbte Nickhaut, bei nicht kupierten Ohren: flatternde, halbaufgerichtete oder aufgerichtete Ohren, Rosenohren, verkanteter Unterkiefer, schräge Zahnleiste, fehlerhafte Zahnstellung, schwach ausgebildete Zähne, untaugliches Gebiss infolge Krankheit.

Hals: Kurz, dick, lose Kehlhaut.

Körper: Zu breite und niedrige Front, durchhängender Rumpf, Karpfenrücken, Senkrücken, magerer Rücken, lange schmale, scharf eingesenkte Lenden, schwache Verbindung mit der Kruppe, gewölbte Lendenpartie, abfallende Kruppe, enges Becken, Hängebauch, hohle Flanken.

Rute: Tiefer Ansatz, **Knickrute.**

Vorderhand: "Französischer" Stand, lose Schultern, lose Ellenbogen, schwaches Vorderfußwurzelgelenk, Hasenpfoten, flache, gespreizte Pfoten.

Hinterhand: Schwache Muskulatur. Zu wenig gewinkelte oder überwinkelte Hinterhand. Säbelbeine, Fassbeinigkeit, Kuhhessigkeit, Hackenenge, Afterkrallen, Hasenpfoten, flache, gespreizte Pfoten.

Gangwerk: Watscheln, wenig Raumgriff, Passgang, Steifheit.

Farbe des Haares: Über den Fang hinausreichende Maske. Zu dicht aneinander liegende oder nur vereinzelt erkennbare Streifen. Schmutzige Grundfarbe. Sich vermischende Farben. Unschöne weiße Abzeichen, wie ganz oder halbseitig weißer Kopf. Andersfarbige oder solche, deren Grundfarbe von mehr als einem Drittel Weiß verdrängt wird.

Ausschließende Fehler: Aggressiv oder ängstlich. Angeborene kurze Rute (Stummelrute). Hunde, die deutlich physische Abnormalitäten oder Verhaltensstörungen aufweisen, müssen disqualifiziert werden.

Anmerkungen: Rüden müssen zwei offensichtlich normal entwickelte Hoden aufweisen, die sich vollständig im Skrotum befinden.

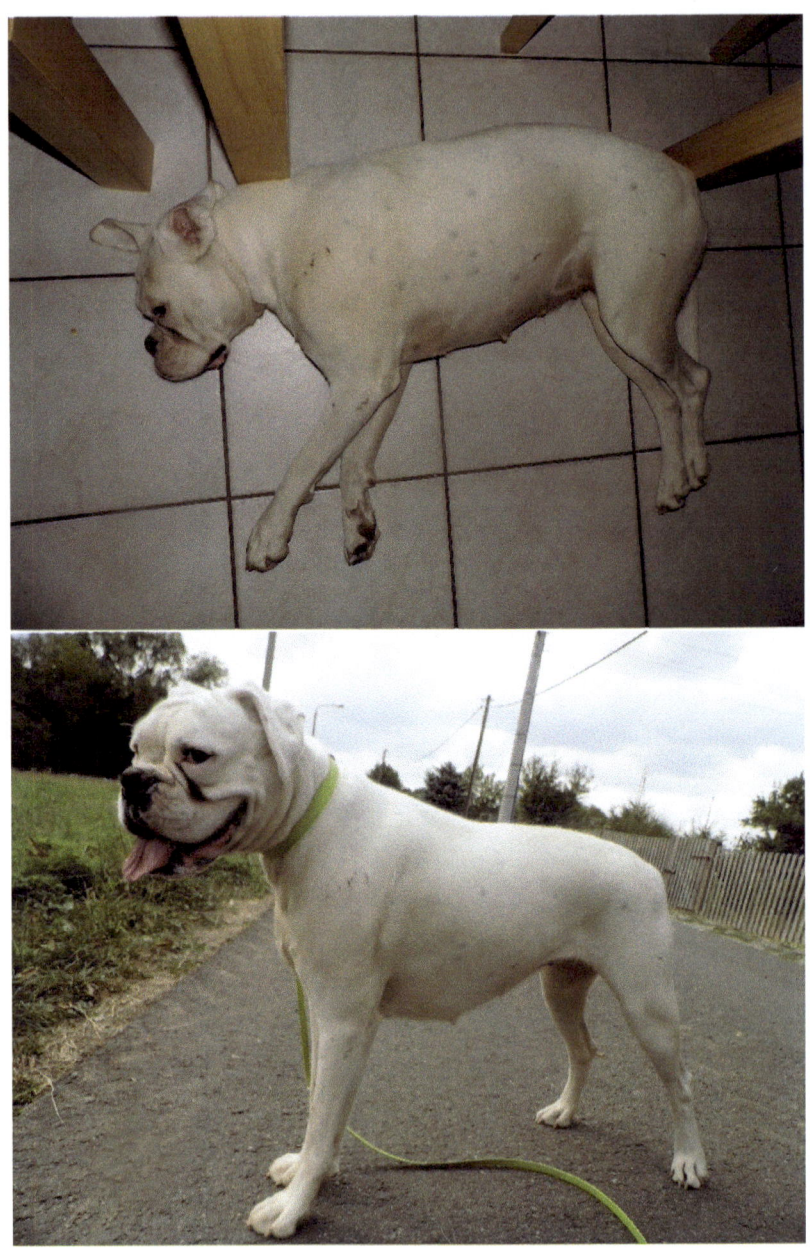

Weiße Boxer sind nicht standardkonform. Sie haben aber durchaus zu Recht ihre Liebhaber, fallen immer wieder in Würfen und werden von manchen Züchtern auch gezielt gezüchtet. Wollen wir hoffen, dass die Weißen und Schecken irgendwann wieder zugelassen werden, denn ohne weiße und gescheckte Hunde würde der Deutsche Boxer in seiner heutigen Form nicht existieren.

Vereine

Vereine beraten Interessenten, führen Zuchtbücher und geben Ahnentafeln heraus. Sie beraten auch Züchter, geben Hilfestellungen bei geplanten Verpaarungen und unterstützen die Züchter mit Werbemaßnahmen. In den Zuchtbüchern werden alle Hunde eingetragen, die in dem Verein geboren sind. Aus den Daten des Zuchtbuchs wird für jeden Hund eine Ahnentafel erstellt. Die Ahnentafel enthält Daten der Ahnen, in der Regel Eltern, Großeltern, Urgroßeltern. Manchmal werden noch weitere Vorfahren eingetragen. Alle Hunde, die im Verein geboren sind, erhalten eine Zuchtbuch- und zusätzlich eine Chipnummer. Unter der Zuchtbuchnummer, die für jeden Hund einmalig ist, werden die Hunde im Zuchtbuch geführt. Chips werden vom Tierarzt unter die Hundehaut transplantiert. Mit einem speziellen Lesegerät, das normalerweise Zuchtwarte, Tierärzte und Tierheime haben, kann man die Nummer des Chips auslesen. Die Nummern sind einmalig und werden immer nur an einen Hund vergeben. Die Nummern werden im Zuchtbuch, in der Ahnentafel und im eventuellen Heimtierpass eingetragen. Zusätzlich kann man den Hund unter der Nummer in einem Haustierregister registrieren lassen. Sollte er einmal abhanden kommen, hat man so größere Chancen, ihn wieder zu bekommen. Die Ahnentafeln werden aus den Daten des Zuchtbuchs erstellt. Über das Zuchtbuch kann man die Abstammung eines Hundes über sehr lange Zeiträume hinweg zurück verfolgen, teilweise sogar über Jahrhundertwenden hinaus. Im Zuchtbuch werden Züchter, Eltern, Farbe, Größe, eventuelle Prüfungen (z.B. Begleithundprüfung, Gebrauchshundshundprüfung, Rettungshundtauglichkeitsprüfung), Auswertungen von gesundheitlichen Untersuchungen (z.B. HD, ED), Zuchtschauergebnisse (Bewertungen, eventuelle Championtitel u.a.) usw eines Hundes eingetragen. Aus den Daten des Zuchtbuchs wird die Ahnentafel des jeweiligen Hundes erstellt. Damit sollen Abstammungen der einzelnen Hunde nachweisbar sein. Das ist wichtig, um beispielsweise einen zu hohen Inzuchtgrad zu vermeiden oder um zu sehen, welche Verpaarungen passen oder wo es zu Problemen kommen könnte. So sollten z.B. zwei Träger derselben rezessiven krankenmachenden Merkmale nicht verpaart werden, können aber, wenn man die Verpaarungen genau überdenkt, eventuell in der Zucht verbleiben. Im Zuchtbuch werden auch Zuchtempfehlungen, -einschränkungen oder -verbote eingetragen, diese finden sich dann auch in der Ahnentafel wieder. Die Ahnentafel wird aus den Angaben des Zuchtbuchs erstellt. Sie ist Eigentum des ausstellenden Zuchtvereins, der Hundeeigentümer hat Besitzrecht an der Ahnentafel. Der Verein kann jederzeit verlangen, dass die Ahnentafel herausgegeben wird, wenn z.B. Eintragungen gemacht oder überprüft werden müssen. Nach Ableben des Hundes ist die Ahnentafel an den ausstellenden Verein zurückzusenden. Die Ahnentafel gibt auch einen Aufschluss über den Verwandtschaftsgrad der Hunde. Meist sind 3-6 Ahnenreihen (Eltern, Großeltern, Urgroßeltern usw) aufgeführt. Natürlich weiß man nicht, wie es eine Reihe weiter aussieht, aber in den aufgeführten Ahnenreihen sollten keine Vorfahren doppelt oder gar mehrfach auftauchen. Linienzucht (siehe Genetikkapitel) kann gewisse Vorteile bieten, ist aber auch mit Vorsicht zu genießen. Die Ahnen sollten natürlich frei von Erbkrankheiten (z.B. HD, ED, Zahnanomalien) sein, da dieses sich an die Nachkommen weiter vererbt. Durch einen rezessiven Erbgang (siehe Genetikkapitel) können Krankheiten jahrelang unbemerkt weitervererbt werden und treten dann zutage, wenn zwei entsprechende Träger gekreuzt werden. Vereine organisieren auch Zuchtschauen. Hier kann man die Rasse einer breiten Öffentlichkeit vorführen und seine eigene Nachzucht begutachten. So weiß ein Züchter, „wo er steht". Interessenten können sich ein Bild von der Rasse machen und Kontakte zu Gleichgesinnten und Züchtern knüpfen. Zudem sind Zuchtschauen gute Werbung für die eigene Zuchtstätte. Allerdings muss ein Weltsieger nicht zwangsläufig der beste Vererber sein. Auch ein Hund, der „nur" mit „gut" bewertet wurde, kann viel Positives in die Zucht bringen, sonst wäre er ja nicht mit „gut" bewertet worden. Neben zuviel Inzucht (z.B. Geschwisterverpaarungen) sollte man auch den ständigen Einsatz der immer selben Deckrüden vermeiden, denn auch dies führt irgendwann unweigerlich zu Inzucht und damit zu genetischer Verarmung. Über die Vor- und Nachteile von Inzucht berichte ich im Genetikkapitel. Vereine (bzw ihre Orts- und Landesgruppen) führen neben Zuchtschauen auch teilweise Hundesportprüfungen, Turniere, Treffen, Wandertage, Vorträge usw durch. Viele bieten auch Nichtmitgliedern Teilnahme an Wanderungen, Treffen, Bücher, Zeitschriften usw an. Vereine beraten auch Interessenten, Züchter und Deckrüdenbesitzer. Zuchtwarte nehmen die Würfe und Zuchtstätten ab. Vereine informieren und beraten auch Interessenten über ihre Zucht und Rasse. Sie lagern inzwischen auch genetisches Material, z.B. Haare und Blutproben, ihrer Hunde ein. Dabei kann man z.b. forschen, ob ein Hund Träger einer Erbkrankheit oder eines unerwünschten Merkmals ist oder ob ein Verwandtschaftsgrad zwischen zwei potenziellen Zuchtpartnern besteht. Die Vereine arbeiten in diesem Punkt mit Tierärztlichen Hochschulen und ähnlichen Einrichtungen zusammen. Bestimmte – risikobehaftete – Verpaarungen können dabei vermieden werden, die Träger aber eventuell in der Zucht verbleiben. Vereine verfügen heute in der Regel auch über eine eigene Website. Dort kann man telefonisch oder per Email Kontakt zum Verein aufnehmen, sich einen ersten Überblick über Rasse, Verein und Zuchtrichtlinien verschaffen; ebenso veröffentlichen viele Vereine ihre Züchterlisten über das Internet. Vereine geben dort oder in ihrer Vereinszeitschrift auch Termine bekannt, z.b. wann die nächste Zuchtzulassungsprüfung stattfindet. Zuchtrichtlinien werden oft in der Vereinszeitschrift oder in gesonderten Broschüren bekannt gegeben, teilweise im Internet, andernfalls kann man sie eventuell beim Verein anfragen. Natürlich kauft man seinen Welpen beim Züchter und nicht beim Verein, man sollte sich aber auch mit den Zuchtrichtlinien des Vereins identifizieren können, denn schließlich unterstützt man ja auch den Verein, wenn man im Verein Mitglied wird oder bei einem angeschlossenen Züchter einen Welpen kauft. Beim Welpenkauf sollten Vertrauen zum Züchter, eine gute

Aufzucht der Welpen, eine liebevolle Haltung der erwachsenen Hunde, geeignete Verpaarungen und das Sachwissen des Züchters mehr Gewicht bei der Kaufentscheidung haben als hunderte von Preisen, die die Hunde auf Zuchtschauen abge-

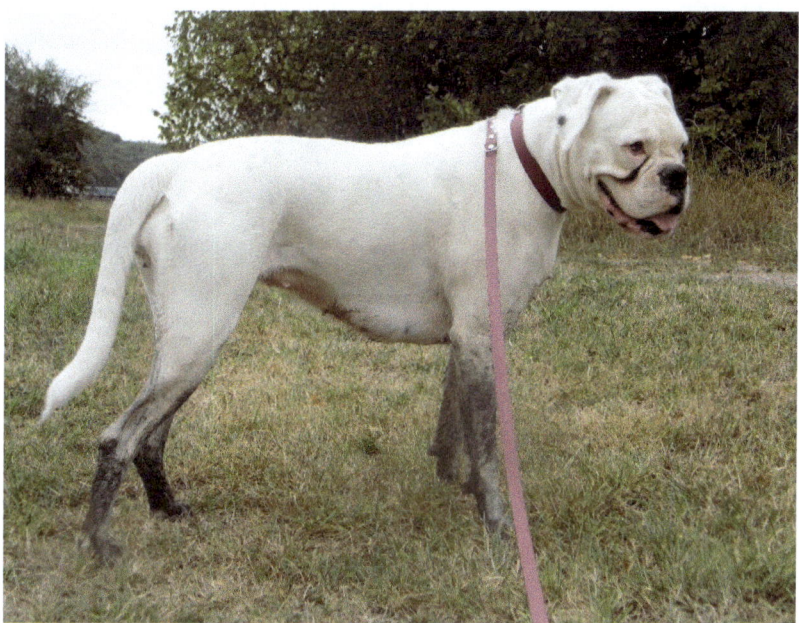

Ein „Weißer, schwarz gestiefelt": auch weiße Hunde haben das Recht, sich schmutzig zu machen!

staubt haben. Denn obwohl viele Preise auf Zuchtschauen den Züchter zu Recht stolz machen, sagen sie nichts über den Wert des Hundes als Zuchthund aus. Ein hoch prämiertes Tier muss nicht zwangsläufig der beste Zuchthund mit der gesündesten und gebrauchstüchtigsten Nachzucht sein, zumal der dauernde Einsatz der immer selben Deckrüden ohnehin kritisch zu betrachten ist.

Der **Boxer-Klub München e.V.** wurde 1895 von Roberth, Höpner und König gegründet. Der erste Standard für den Boxer wurde 1904 aufgestellt. Ziemlich rasch verdingten sich Boxer des

Vereins als Polizeihunde. 1924 wurde der Deutsche Boxer als Diensthund anerkannt. Die ersten Boxer legten die Polizeihundeprüfung schon 1921 erfolgreich ab. 1945 wurden alle Vereine durch die Siegermächte aufgelöst. In den Folgejahren wurden die Vereine langsam wieder aufgebaut und der Boxer-Klub 1951 neu gegründet, die Satzung wurde neu festgelegt. 1993 wurde eine Ausbildungsordnung eingeführt. 1999 fand die 1. Deutsche Jugendmeisterschaft im Boxer-Klub e.V. in Hattingen (LG Hessen) statt. 2000 wurde eine Zuchtwertschätzung für Hüftgelenksdysplasie und Kryptorchismus eingeführt. Der Klub verfügt über derzeit 18 Landesgruppen, verteilt über das ganze Bundesgebiet. Der Klub führt Zuchtschauen, Zuchttauglichkeitsprüfungen, Körungen, Schulungen (z.B. zum Sachkundenachweis), Ausdauerprüfungen usw durch. Der Boxer-Klub gibt die Vereinszeitschrift „Boxer-Blätter" heraus, die im Abstand von 1-2 Monaten erscheint. Auf der Website sind derzeit (9/2018) 4 Deckrüden und rund 130 Zuchtstätten aufgelistet. Der Klub will den Boxer als Arbeitshund erhalten. Formwert, Wesen und Gesundheit spielen dabei eine große Rolle. Halbgeschwisterverpaarungen werden in Ausnahmefällen vom Zuchtausschuss zugelassen. Paarungen von Verwandten 1. Grades (Vollgeschwister, Eltern und Kinder) sind verboten. Zur Zucht zugelassen werden Boxer, die die Zuchtzulassungsprüfungen bestanden haben und bestimmte Voraussetzungen erfüllen. Hündinnen und Rüden müssen bei ihrer ersten Zuchtverwendung mindestens 18 Monate alt sein. Eine Hündin darf nur bis zum vollendeten 7. Lebensjahr in der Zucht verwendet werden. Nach 6 Würfen erhalten Hündinnen keine weitere Zulassung für die Zucht. Für Rüden ist der Zuchteinsatz unbegrenzt. Hunde, bei deren Nachkommen sich erbliche Mängel herausstellen, werden je nach Grad des Fehlers von der Zucht ausgeschlossen. Hündinnen, die nicht durch Kaiserschnitt entbunden haben, deren Zuchtwerte für HD und Kryptorchismus unter dem Durchschnitt liegen und deren Nachzucht gesund und wesensfest ist, dürfen eine Zuchtverlängerung bis zum Alter von 8 Jahren bekommen. Hatte eine Hündin bereits 6 oder mehr Würfe, bekommt sie allerdings keine Verlängerung mehr. Wurde eine Hündin in zwei Hitzen nacheinander belegt und betrug der Abstand dazwischen weniger als 8 Monate, darf sie in der nächsten Hitze nicht belegt werden. Boxer, die zur Zucht verwendet werden, sollen keine HD, Spondylose, Kryptorchismus und Herzerkrankungen haben bzw vererben. Belastete Hunde werden nicht zur Zucht zugelassen. Es werden auch Hunde aus dem Ausland zugelassen, sofern sie die Zuchtbestimmungen erfüllen. Boxer müssen beim Boxer-Klub eine Ausdauerprüfung bestanden haben, bevor sie zur Zucht zugelassen werden. Rüden ohne Eignungsprüfung für die Körung dürfen maximal 15 mal im Jahr decken, Rüden mit Eignungsprüfung maximal 30 im Jahr. Der Deckrüdenhalter muss alle Deckakte im In- und Ausland dem Boxer-Klub mitteilen. Es wird jeweils eine Deckbescheinigung ausgestellt. Alle Boxer des Clubs werden gechipt und registriert. Aus dem Ausland eingeführte Boxer müssen bis zum Zuchteinsatz ebenfalls gechipt und beim Klub registriert werden. Stark missgebildete oder lebensschwache Welpen werden spätestens 7. Lebenstag vom Tierarzt eingeschläfert. Hat eine Hündin mehr als sechs Welpen im Wurf, muss der Züchter eine Flaschen- oder Ammenaufzucht sicherstellen. Ein Zuchtwart nimmt jeden Wurf und die Zuchtstätten ab. Ab der vollendeten 6. Lebenswoche werden die Welpen gechipt. Der Wurf wird im Alter zwischen 8 und 16 Wochen vom Zuchtwart abgenommen. Es werden keine kupierten Boxer in das Zuchtbuch eingetragen, es sei denn, das Kupieren erfolgte wegen medizinischer Indikation oder der Boxer wurde aus einem Land eingeführt, in dem das Kupieren zu diesem Zeitpunkt noch nicht verboten war. Der Boxer-Klub führt ein eigenes Zuchtbuch und gibt eigene Ahnentafeln heraus. Er ist Mitglied im VDH. Man unterscheidet Körzucht, wenn beide Elterntiere die Eignungsprüfung für die Körung bestanden haben, Leistungszucht, wenn Eltern und Großeltern eine VPG oder IPO bestanden haben und Kör- und Leistungszucht, wenn die Voraussetzungen der Körzucht und der Leistungszucht gegeben sind. Der Boxer-Klub kümmert sich auch um die Vermittlung von Nothunden.

Der **Schweizerische Boxerclub** (SBC) wurde 1906 gegründet und unterhält 12 Ortsgruppen. Zuchthunde müssen einen Wesenstest und eine Formwertprüfung bestehen. Auch ein Gesundheitscheck wird durchgeführt. Der Club führt jährlich 3 Zuchttauglichkeitsprüfungen durch. Außerdem unterhalten die Ortsgruppen des Clubs Hundeplätze, auf denen Welpenspieltage, Erziehungskurse, Sportveranstaltungen, Prüfungen (z.B. Begleithundeprüfungen, Fährtenhundprüfungen) abgehalten werden. Viele Hunde des Clubs verfügen über Ausbildungen als Rettungs-, Begleit-, Schutz- und Fährtenhunde. Außerdem werden Ausdauerprüfungen abgenommen. Der Verein führt auch andere Aktivitäten wie z.B. Familientage und Zuchtschauen durch. Außerdem kümmert er sich um die Vermittlung von „Notfellchen". Die genaue Zuchtordnung liegt mir leider nicht vor. Der SBC ist Mitglied in der Schweizerischen Kynologischen Gesellschaften (SKG).

Der **Österreichische Boxerklub** wurde 1921 gegründet. Der Club ist Mitglied im ÖKV (Österreichischer Kynologischer Verband) und der Association Technique Internationale du Boxer (ATIBOX). Die Ortgruppen des Boxerklubs verfügen über eigene Ausbildungsplätze. Viele Hunde verfügen über Ausbildungen als Begleit-, Schutz-, Fährtenhunde usw. Auch Agility u.ä. wird auf den Hundeplätzen angeboten. Der Verein veranstaltet regelmäßige Zuchtschauen, bei denen die Boxer nach charakterlichen und äußerlichen Gegebenheiten bewertet werden. Auf der Website sind derzeit (9/2018) 11 Deckrüden und ca. 32 Zuchtstätten aufgelistet. Das Mindestalter für Zuchthündinnen liegt bei 18 Monaten, eine Hündin darf bis zum vollendeten 7. Lebensjahr in der Zucht verbleiben. Deckrüden dürfen mit mindestens 18 Monaten das erste Mal in der Zucht Verwendung finden, eine Altersbegrenzung nach oben besteht für Deckrüden nicht. Es dürfen Hunde mit den HD-Graden A (Frei), B (Übergangsform, Fast-normal) und C (Leicht) zur Zucht eingesetzt werden, HD-C darf nur mit HD-A verpaart werden. Hunde, die ab 2014 geboren wurden, werden auf Spondylose untersucht. Außerdem wird eine kardiologische Untersuchung (Farbdoppler-Ultraschall) empfohlen. Bei Verpaarungen zweier Hunde muss mindestens Stufe 1 der Sportgebrauchshundeprüfung bei einem Elter nachgewiesen werden. Weiße und gescheckte Hunde werden leider nicht zugelassen. Rüden mit Hodenfehlern sowie Hündinnen, die zweimal per Kaiserschnitt entbunden haben, werden von der Zucht ausgeschlossen. Welpen dürfen mit frühestens 8 Wochen abgegeben werden und müssen mindestens zweimal vom Zuchtwart kontrolliert worden sein. Alle Welpen, die im Klub geboren bzw Hunde, die eingetragen wurden, müssen per Mikrochip gekennzeichnet werden.

Die **Boxer-Nothilfe** wurde 2001 gegründet. Der Verein ist bundesweit tätig und kümmert sich um die Vermittlung in Not geratener Boxer. Er vermittelt Boxer auch in private Pflegestellen, bis sie in ein endgültiges Zuhause umziehen können. Bereits 2001 wurden 148 „Notfellchen" vermittelt. Derzeit hat der Verein 82 Mitglieder. Der Verein führt regelmäßige Treffen und Wanderungen durch. Selbstverständlich muss bei Übernahme eines Boxers eine „Schutzgebühr" an den Verein entrichtet werden, denn Rettung von Boxern in Not verschlingt hohe Kosten. Tierarzt, Transport, Training von verhaltensauffälligen Hunden, Kastration von Hündinnen und Rüden usw müssen bezahlt werden. Allerdings werden diese Kosten nicht alleine durch die Schutzgebühren für vermittelte Boxer getragen, der Verein ist auch auf private Spenden sowie Mitgliedsbeiträge angewiesen. Nach verschiedenen Gesprächen wird ein Kennenlerntermin für den Not-Boxer und seine neuen Menschen vereinbart. Erst wenn alles passt, wird ein Boxer in ein neues Zuhause vermittelt.

Genetik

Lebewesen, auch Hunde, bestehen aus **Zellen**. Hunde gehören zu den Vielzellern. Die Zellen übernehmen alle lebensnotwendigen Körperfunktionen. Jede Körperzelle enthält dieselben **genetischen Informationen. Die genetischen Informationen sind also in allen Körperzellen vorhanden (ausgenommen rote Blutzellen).** Individuen können so zweifelsfrei aus allen weißen Blut-, Körper- und Spermazellen identifiziert werden. Die Lebensdauer der Körperzellen ist unterschiedlich: Hautzellen leben 20-30 Tage, Eizellen 12 Stunden, weiße Blutzellen zwei Stunden bis zwei Tage. Der Zellkern (Nucleus) enthält alle wichtigen Erbinformationen, wobei alle Körperzellen (außer roten Blutzellen) dieselben genetischen Eigenschaften speichern. Deshalb kann jeder Hund (und jedes andere Individuum) ohne Zweifel aus allen Körper-, weißen Blut- und Spermazellen einwandfrei identifiziert werden (einzige Ausnahme: eineiige Zwillinge). Der **Zellkern** enthält die **Chromosomen** (Kernfäden), die Träger aller lebens- und vererbungsnotwendigen Informationen. Sie bestimmen Wesen, Aussehen, Gesundheit und andere Eigenschaften eines Tieres. Jede Tierart besitzt eine artspezifische Anzahl von Chromosomen in ihrem Zellkern. Die Chromosomen sind immer paarweise angelegt. Deshalb spricht man von einem diploiden Chromosomensatz. Die Weitergabe der Erbinformationen ist nur über die Geschlechtszellen (Eizellen der Hündin, Spermien des Rüden) möglich. Bei der Paarung zweier Hunde erhält jeder Welpe von jedem Elter je die Hälfte seiner Gene. Dabei mischt die Natur rein zufällig. Hunde haben 78 Chromosomen bzw 39 Chromosomenpaare. Die **DNS (Desoxyribonucleinsäure)** ist der chemische Baustein der Chromosomen. Sie ist eine lange Kette, die im Wesentlichen aus Phosphat und Zucker besteht, welche abwechselnd aneinander gereiht sind. Die DNS enthält den genetischen Code eines Lebewesens und ist einmalig bei jedem Individuum (Ausnahme: eineiige Zwillinge). Der Aufbau der DNS bestimmt Aussehen, Gesundheit, Wesen, Intelligenz usw eines Individuums. Sie ist in allen Körperzellen (außer roten Blutzellen) vorhanden. Körperzellen leben wesentlich kürzer als der gesamte Organismus. Deshalb bilden sich im Körper ständig neue Zellen. Aus einer Ursprungs- oder Mutterzelle entstehen zwei Tochterzellen. Diese wiederum entwickeln sich zu Mutterzellen und teilen sich wieder in je zwei Tochterzellen usw. So wird sichergestellt, dass der Organismus weiterlebt, da die einzelnen Körperzellen nur eine relativ geringe Lebenserwartung haben. **Gene** treten wie Chromosomen nicht einzeln, sondern doppelt auf. Zu jedem Gen gehört ein ihm entsprechendes Partnergen, das auch Allel genannt wird. In jeder Samen- und Eizelle ist für alle Eigenschaften mindestens ein Gen vorhanden. Hunde besitzen wahrscheinlich rund 100.000 Genpaare bzw 200.000 Einzelgene. Bei der Paarung zweier Hunde erhält jeder Welpe von jedem Elter je die Hälfte seiner Gene. Nach dem Deckakt fügen sich die Chromosomen neu zusammen. Dabei mischt die Natur rein zufällig die Gene. Ein Allel (Variante eines Gens) kann ein anderes unterdrücken und damit bestimmen, was passiert. Das unterdrückende Gen ist **dominant**, das unterdrückte ist **rezessiv**. Dominante Anlagen vererben sich immer. Gehen wir davon aus, dass eine Haarfarbe von einer anderen unterdrückt wird. Weiße Boxer vererben die weiße Haarfarbe rezessiv. Sie müssen zwei Gene für weiß besitzen, um weiß zu sein. Hat ein Boxer ein Gen für gelb und eines für weiß, kann er nicht weiß sein, weil das weiße Gen vom gelben unterdrückt wird. Dieser Boxer kann dann weiße Welpen zeugen, wenn er mit einem weißen Boxer oder einem farbigen, für weiß mischerbigen Boxer gekreuzt wird. Zwei weiße Boxer werden dagegen immer weiße Welpen zeugen, weil sie die selben, rezessiven Gene besitzen. Paart man einen reinerbigen (homozygoten) weißen Boxer und einen reinerbigen gelben, sind alle Welpen gelb, tragen aber das rezessive weiße Gen. Weiße Welpen können dann geboren werden, wenn diese mischerbigen (heterozygoten) mit einem weißen Boxer oder einem farbigen Weiß-Träger gekreuzt werden. Deshalb fallen nach Generationen farbiger Hunde (Gelb, Rot und Gestromt) immer wieder mal Weiße und Schecken. Ein Hund kann natürlich auch für mehr als zwei Eigenschaften mischerbig sein. Die Vererbung wird dann komplizierter. Ein für Gelb reinerbiger Boxer wird niemals weiße Welpen zeugen, weil er keine weißen Gene besitzt.

Die **Scheckungsserie** (Locus S – Genort S, engl. Spotting -Scheckung, Fleckung) bezieht sich auf weiße Muster in sonst weißem Fell. Der Boxer gehört dieser Allelserie an. Das Scheckungsweiß scheint gegenüber der anderen vollen Farbgebung des Hundes rezessiv zu sein. Weißscheckung beginnt meist an Zehen, Brust und Schwanzspitze. Die Weißscheckung kann sich auch auf Beine und Pfoten und immer mehr ausweiten. Manche Hunde sind fast weiß und haben nur wenige dunkle Farbflecken an Kopf, Rumpf und/ oder Schwanz. Extremschecken sind nahezu (z.B. kleine dunkle Farbflecken am Kopf) bis völlig weiß. Zu den Extremschecken gehören u.a. viele Samojeden, Parson und Jack Russell Terrier, Bullterrier – und manche Deutschen Boxer. Die Bezeichnung für die Scheckungsserie lautet Locus S. Die Allele dieser Farbserie führen zu einem völlig weißen oder ausgefärbten Fell oder zu einer Anzahl weißer Flecken. Scheckung kann in Extremscheckung übergehen. Die Hunde sind dann wie beschrieben reinweiß oder fast weiß mit einer kleinen Anzahl farbiger Flecken, etwa am Kopf, an der Rute und ggfs auch am Rumpf. Normalerweise haben solche Hunde kleine Farbflecken auf der Haut, d.h. dunkel pigmentierte Hautareale. Bei kurzhaarigen Hunden wie dem Boxer können die dunklen Hautflecken unter dem weißen Fell durchschimmern.

Gene der Scheckungsserie:

S – Grundfarbe, Eigenfarbe

s^i – Irische Scheckung; Weiß an Gliedmaßen, Brust und Schwanzspitze, ggfs. am Hals

s^p – unregelmäßige Scheckung, Buntscheckung

s^w – umfassende Scheckung, extrem weiße Scheckung

Das Gen für Stromung wird dominant vererbt. Es überlagert deshalb gelbe Farbe. Hat ein Boxer das Gen für Gelb und für Gestromt, ist er immer gestromt. Ein Boxer mit gelbem Fell kann deshalb nur gelbe Gene haben und Stromung nicht weitergeben. Gestromte Boxer haben entweder zwei Gene für Stromung oder ein Gen für Stromung und eines für Gelb. Sie sind also entweder heterozygot (mischerbig) oder homozygot (reinerbig) gestromt, die Stromung kommt aber in beiden Fällen zum Ausdruck. Die Kreuzung eines reinerbig gelben Boxers mit einem reinerbig gestromten Boxer ergibt mischerbig gestromte Welpen. Ist der gestromte Boxer mischerbig, besitzt also ein gelbes und ein gestromtes Gen, kann es im Wurf gelbe sowie gestromte Welpen geben. Weiße Farbe wird unabhängig von der Grundfarbe durch das Weißscheckungsgen weitergegeben. Erbt der Welpe das Gen für Weiß von beiden Eltern, ist er weiß. Hat der Welpe das Weiß-Gen nur von einem Elter geerbt, besitzt er eine mehr oder minder ausgeprägte Weiß-Scheckung oder weiße Abzeichen, die bei den einzelnen Rassevertretern unterschiedlich ausgeprägt sein können. Aus der Kreuzung zweier farbiger Boxer können also sowohl reinweiße als auch farbige Welpen entstehen, es muss kein Elter selbst gänzlich weiß sein. Hauptsache, beide Eltern tragen das weiße Gen. Aus einer Kreuzung eines weißen Boxers mit einem farbigen Boxer, der das Gen für extreme Weiß-Scheckung nicht trägt, würden keine weißen Welpen fallen, sie würden aber das Weiß-Scheckungs-Gen erben und könnten dann wiederum weiße Welpen zeugen, wenn sie mit einem entsprechenden Träger gekreuzt würden. Aus zwei farbigen Boxern können also – soweit sie entsprechende Gene tragen – weiße Welpen entstehen, aus zwei weißen Eltern aber niemals farbige Welpen. Die Intensität der Gelbfärbung wird im Übrigen durch Nebengene beeinflusst, weshalb manche Boxer hellgelb erscheinen, andere intensiv lohfarben und wieder andere dunkelrot (hirschrot).

Die Ausdehnungsserie (E – Extension, Ausdehnung) bezieht sich auf Ausdehnung und Einschränkung des Pigments. Das Allel E^m lässt die Bildung von schwarzem Pigment im Fell zu und sorgt für eine schwarze Gesichtsmaske. E verursacht ebenfalls schwarze Farbe, aber ohne dunkle Maske. Das Allel „e^{br}" sorgt dafür, dass eine Stromung ausgebildet werden kann, die allerdings auf einige Körperpartien beschränkt ist. Während der Bildung des schwarzen Pigments setzt sich stellenweise das gelbe Pigment durch. Das Allel „e" verhindert die Bildung von schwarzem Pigment teilweise, an verschiedenen Hautstellen wie Nase, Lefzen, Lidrändern usw ist das schwarze Pigment aber vorhanden. Bei dem Genotyp „ee" wird überhaupt kein schwarzes Pigment im Fell gebildet. Gelbe Boxer mit schwarzer Maske besitzen wahrscheinlich die Genformel „E^m, ee". Zwei gelbe Boxer mit schwarzer Maske untereinander verpaart ergeben ebensolche Welpen sofern sie reinerbig sind. Die Stromungsvariante ist demnach dominant. Gestromte Boxer tragen den Genotyp „E^m, e^{br}, e^{br}". Zwei reinerbig gestromte Boxer bringen nur gestromte Welpen. Wie vorher ausgeführt können gestromte Boxer aber auch andersfarbige Welpen zeugen, sofern sie heterozygot (mischerbig) für andere Farben sind.

Hüftgelenksdysplasie ist eine Erb-Umwelt-Krankheit. Neben Umwelteinflüssen (Fütterung, Bewegung usw) spielt die Genetik also eine wichtige Rolle. Die HD wird wahrscheinlich polygen vererbt, d.h., dass mehrere oder viele Gene ihr Vorhandensein und ihre Ausprägung beeinflussen. Die Zuchtvereine und Tierärztlichen Hochschulen arbeiten an entsprechenden genetischen Tests. Es wurde ein dominantes Hauptgen nachgewiesen, das für die HD verantwortlich ist. Durch viele Nebengene wird die Erkrankung weiter beeinflusst. Es sollten nur HD-freie und fast-normale Hunde zur Zucht zugelassen werden. Im Österreichischen Boxerklub dürfen Hunde mit den HD-Graden A (Frei), B (Übergangsform, Fast-normal) und C (Leicht) zur Zucht eingesetzt werden, HD-C darf nur mit HD-A verpaart werden. Eigentlich sollte die HD aber ein zu großes Problem darstellen, als noch HD-leicht zuzulassen. Stellen wir uns vor, es muss ein bestimmter Schwellenwert überschritten sein, damit die HD zum Ausdruck kommt. Wir unterstellen 20 Gene (die genaue Anzahl ist meines Wissens noch nicht bekannt, wahrscheinlich sind es aber viel mehr). Diese Gene stellen wir uns als grüne Kugeln (gesund) und rote Kugeln (krank) vor. Hat ein Hund nur grüne Kugeln, ist er gesund (phänotypisch – äußerlich, aber auch genotypisch – in seinem Erbgut). Hat er nur rote Kugeln, ist er krank. Er vererbt die HD auch weiter. Er hat schwere HD, die auch im Röntgenbild zu sehen ist. Paaren wir zwei Hunde, die nur grüne Kugeln haben, sind alle Welpen sowohl genotypisch als auch phänotypisch HD-frei. Je mehr rote Kugeln ein Welpe von seinen Eltern erbt, desto wahrscheinlicher ist es, dass er HD bekommt, und je mehr rote Kugeln vorhanden sind, desto schwerer ausgeprägt ist die HD. Die Welpen hätten dann HD, wenn zwei entsprechende Träger mit vielen schlechten Genen verpaart würden bzw sich die krankmachenden Gene vererben würden. Das erklärt auch, warum aus zwei äußerlich gesunden Hunden manchmal belastete Welpen fallen, wobei alle HD-Grade möglich sind. Die Natur mischt bei solchen Gen-Bildern rein zufällig. Solche Verpaarungen sollten vermieden werden. Deshalb sind die Röntgenergebnisse in die Ahnentafeln und in das Zuchtbuch einzutragen. Fallen aus bestimmten Verpaarungen immer wieder belastete Welpen, sollte man dokumentieren, in welchen Würfen belastete Welpen auftraten und zumindest die Verpaarungen überdenken, gegebenenfalls bestimmte Verpaarungen vermeiden und im Extremfall die Eltern von der Zucht ausschließen. Da ein Hund meistens Geschwister hat, sollte man auch diese im Auge behalten. Es können in einem einzigen Wurf gesunde und HD-schwer belastete Welpen fallen. Neben dem Röntgen der Hunde sollte man auch die Geschwister, Vorfahren, nahen Verwandten und natürlich die Nachzucht im Auge behalten. Die großen Rassehundezuchtvereine arbeiten mit den Tierärztlichen Hochschulen und anderen Institutionen zusammen und entwickeln entsprechende genetische Tests (auch für andere Erkrankungen). Wenn man bestimmte Verpaarungen vermeidet, könnten die Träger in der Zucht verbleiben. Das ist nur ein Grund, warum das Führen von Ahnentafeln und Zuchtbüchern wichtig ist. Das gleiche gilt für das Einlagern von DNS in Datenbanken. Bei einem Hund ohne Papiere hat man diese Hilfe nicht (obwohl auch ein Hund ohne Papiere ein guter und gesunder Hund sein kann und auch bei Hunden aus guter Zucht ein gewisses Risiko vorhanden sein kann). Wird ein Hund mit schlechter Veranlagung in seiner Jugend überlastet (z.B. zu frühes und zu häufiges Treppensteigen, zu früher Extremsport, zu frühes Radfahren), schlechtes Futter (z.B. schlechtes Fertigfutter,

zuviel Getreide, falsche Vitamin-D3- und Calciumgaben), kann auch das zu nachhaltigen Hüftproblemen führen oder diese begünstigen. Ein Hund, der die genetische Veranlagung trägt, muss nicht zwangsläufig Probleme bekommen, wenn man

Verschiedenes wie angepasste Ernährung, angepasste Bewegung usw beachtet. Ein solcher Hund sollte aber nicht unbedingt in die Zucht.

Der Boxer gehört zu den Hunden der Scheckungsserie.

Verpaarungssysteme

Mit **Inzestzucht** bezeichnet man die Verpaarung zweier Hunde im Verwandtschaftsverhältnis 1. und 2. Grades, also Eltern und Kinder, Großeltern und Enkel, Halb- und Vollgeschwister. Nach meinen Informationen ist diese Zuchtform in allen Zuchtvereinen verboten. Man erreicht mit dieser Zuchtform eine große Vereinheitlichung bzw Ähnlichkeit zwischen Eltern und Nachkommen. Durch die Verdopplung der Gene kann man schnell gewünschte Eigenschaften bei den Nachkommen festigen (z.B. schöne Gesichtsmasken). Allerdings verfestigen sich auch schnell krankmachende Gene. So kommen vermehrt Erbfehler wie Stummelruten, Spaltrachen, verringerte Vitalität, erhöhte

Krankheitsanfälligkeit, kleinere Würfe, höhere Welpensterblichkeit usw vor. Die Inzestzucht sollte wenn überhaupt nur mit äußerst gesunden, wesensfesten Elterntieren, bei deren Vorfahren (und möglichst Nachkommen) keine Erbfehler aufgetreten sind, eingesetzt werden. Sie darf nur im Notfall und unter kontrollierten Bedingungen eingesetzt werden und muss vom Zuchtausschuss des Vereins genehmigt werden.

Die **Inzucht** bezeichnet die gezielte Verpaarung zweier Hunde, die enger miteinander verwandt sind als der Durchschnitt der Rassepopulation bzw die gemeinsame Vorfahren aufweisen. Die Anzahl der Vorfahren verdoppelt sich mit jeder Generation. Ein Hund hat zwei Eltern, vier Großeltern, acht Urgroßeltern usw. Verfolgt man die Ahnenreihen des Hundes über eine Zeit zurück, stößt man irgendwann immer wieder auf alte Bekannte. Der Deutsche Boxer ist wie andere Rassen aus einer Handvoll Gründertiere entstanden. Vor mehreren Jahrzehnten hatten wir noch gar nicht so viele Hunde im Zuchtbestand. Da ist es nur natürlich, dass Hunde irgendwann in ihren Ahnenreihen gemeinsame Vorfahren aufweisen. Allerdings haben auch Wurfgeschwister ihre „eigene Genetik". Man sollte die Inzucht nur gezielt einsetzen und den zu häufigen Einsatz vermeiden. Zuviel Inzucht kann schnell zu Problemen führen. Auch der dauernde Einsatz der immer selben Deckrüden sollte vermieden werden. Da ein Rüde naturgemäß deutlich mehr direkte Nachkommen haben kann als eine Hündin, gibt er seine Gene auch an deutlich mehr Hunde weiter. Das kann auf Dauer problematisch werden, da es dann immer schwieriger wird, nicht verwandte Verpaarungen durchzuführen. Die Decksprünge der Rüden sollten entsprechend begrenzt werden (z.B. pro Deckrüde nur 5 Decksprünge/Jahr). Im Boxer-Klub München dürfen Rüden ohne Eignungsprüfung für die Körung beispielsweise maximal 15 mal im Jahr decken, Rüden mit Eignungsprüfung maximal 30 pro Jahr.

Die **Linienzucht** ist auch eine Form der Inzucht, allerdings sind die Eltern hier weniger mit einander verwandt als bei der Inzucht, was weniger gefährlich ist als Inzestzucht. Bei der Linienzucht greift man bewusst auf gemeinsame Vorfahren der mütterlichen oder väterlichen Seite zurück. Man kann die Linienzucht hin und wieder gezielt und unter kontrollierten Bedingungen anwenden, wenn beide Eltern gesund und wesensfest sind und bei den Nachkommen und Vorfahren keine genetischen Defekte auftraten.

Die negativen Auswirkungen von Inzucht können wie oben beschrieben vielfältig sein. Es ist deshalb hier nochmals darauf hinzuweisen, dass Inzucht nur im Ausnahmefall und mit absolut gesunden Elterntieren vorgenommen werden sollte, bei deren Verwandten keine Erbfehler aufgetreten sind.

Fremdzucht, Outcrossing oder Heterose bezeichnet die Verpaarung von Hunden, die weniger eng miteinander verwandt sind als der Durchschnitt der Rassepopulation, hierbei wird das Gegenteil der Inzucht praktiziert. Obwohl die Linienzucht gezielt eingesetzt sinnvoll und gut sein kann, sollte man im Allgemeinen die Fremdzucht bevorzugen, sofern es möglich ist. Bei der Fremdzucht handelt es sich um das Gegenteil der Inzucht. Es eignen sich z.B. Hunde aus dem Ausland oder aus anderen Zuchtvereinen. Verfolgt man aber die Ahnenreihen solcher Hunde weit genug zurück, ist es oft ähnlich wie bei uns: irgendwann trifft man wieder auf „alte Bekannte". Die Fremdzucht sollte hin und wieder in Zuchten eingesetzt werden, in denen ein hoher Inzuchtgrad herrscht. Obwohl die Fremdzucht die Ähnlichkeit zwischen Eltern und Nachkommen verringert und es schwieriger wird, bestimmte Merkmale zu festigen, sollte man die Fremdzucht wenn möglich bevorzugen. Sie bietet viele Vorteile und sorgt – neben anderen Faktoren wie z.B. Fütterung - für langlebige, vitale Hunde.

Bei der **Merkmalszucht** spielt der Verwandtschaftsgrad der Hunde untereinander keine Rolle. Wichtige sind bestimmte äußerliche, charakterliche oder leistungsbezogene Merkmale. Also etwa Fellfarben, Maskenzeichnungen, Arbeitseigenschaften usw. Die Merkmalszucht ist eine Zuchtform mit gleichen oder ähnlichen Eigenschaften. Wer aber nur nach äußerlichen Merkmalen züchtet, lässt schnell anderes wie Gesundheit oder Charakter außer acht, und das kann fatale Folge haben. Die äußere Erscheinung alleine ist keine Garantie für ebensolche Nachkommen. Ein Hund kann nämlich auch ganz andere Merkmale vererben. Dominante Anlagen vererben sich eigentlich immer, während sich rezessive Faktoren nur vererben, wenn sie von beiden Eltern weitergegeben werden. Es gibt unzählige Merkmale, die Hunde vererben können. Die Wahrscheinlichkeit, einen ähnlichen Hundetyp heraus zu züchten ist mit der Merkmalszucht recht groß, greift aber nicht immer. Man kann einen Hundetyp herauszüchten, bei dem die Nachkommen relativ ähnlich bis gleich aussehen. Deshalb werden aber auch oft verwandte Hunde eingekreuzt, was wiederum zu einem gesteigerten Inzuchtgrad führt. Auch die Leistung ist ein Zuchtmerkmal. Anlagen für einen guten Gebrauchshund, wie z.B. eine gute Nase oder körperliche Fitness und Ausdauer, können sich natürlich vererben. Aber abgelegte Prüfungen vererben sich nicht. Ein Welpe, der von zwei ausgebildeten Fährtenhunden abstammt, dürfte durchaus bei entsprechender Ausbildung später einen guten Fährtenhund abgeben. Jedoch vererben sich keine abgelegten Prüfungen, lediglich die Veranlagung für einen guten Fährtenhund. Züchter und Hundesportler können zurecht stolz auf erfolgreich bestandene Prüfungen ihrer Hunde sein, steckt doch meist eine Menge Arbeit dahinter. Jedoch vererben sich keine erworbenen Eigenschaften. Man hat Generationen von Deutschen Boxern (und anderen Rassen) die Ohren und Ruten verstümmelt, bevor dieses grausame und entstellende Handeln verboten wurde. Niemals kamen die Welpen mit hässlichen Spitzohren zur Welt. Auch Ruten sind bei Boxern normalerweise lang. In Ausnahmefällen fallen Welpen mit Stummelruten. Da es sich hier um einen eklatanten Erbfehler handelt, sollten entsprechende Träger zur Zucht gesperrt werden. Stummelruten sind unnatürlich und können den Hund arg beeinträchtigen, etwa sind stummelschwänzige Hunde bei Sprüngen eingeschränkt.

Durch die Einbeziehung von **molekulargenetischen Erkenntnissen** (genetischer Fingerprint, Genmarker) kann man Aufschluss über die genetischen Anlagen der Hunde gewinnen und in Zukunft die Zucht noch zielgerichteter positiv lenken. Dazu wird genetisches Material der Hunde (z.B. Blut) untersucht und in DNS-Datenbanken eingelagert.

Dies soll nur eine kleine Einführung in die Genetik des Boxers gewesen sein. Weiterführende Literatur ist im Anhang genannt.

Fütterung

Im Rahmen dieses Buchs kann ich nicht alle Fragen der Hundeernährung eingehend erläutern, sondern nur einen kleinen Einblick in die artgerechte Hundefütterung geben. Der Boxer sollte jederzeit einen Napf mit frischem Wasser zur Verfügung haben. Man unterscheidet zwischen Fertigfutter, BARF und Selbstgekochtem. Die beste und natürlichste Art, einen Hund zu ernähren ist (für mich) das Barfen, also Rohfütterung mit Fleisch, Knochen, Gemüse usw. Aber es gibt auch das eine oder andere gute Fertigfutter. Die meisten Fertigfutter bestehen jedoch aus einer Riesenmenge Getreide, Schlachtabfällen, Lockstoffen usw. Sie sind für Hunde und Katzen nicht gesund. Das Futter des Deutschen Boxers sollte zu mindestens 50, besser 70 % aus Fleisch bestehen. Außerdem wird dem Futter auch ein Teil Gemüse, vielleicht auch Obst zugesetzt, eventuell wenig Getreide sowie weitere Komponenten, z.B. rohe Knochen, Mineralstoffe, Fette usw. Hochwertige Fette sind z.B. Lachsöl, Butter, Kokosöl (hilft auch gegen Parasiten), Leinöl, Geflügelfett usw. Fisch- bzw Lachsöl enthält viele entzündungshemmende Omega-3-Fettsäuren. Hocherhitztes Schweineschmalz kann ebenfalls gegeben werden. Im Übrigen ist BARFen nicht teurer als hochwertige Dosennahrung. Auch müssen die Mahlzeiten nicht täglich komplett ausgewogen sein, es reicht, wenn die Nährstoffe über mehrere Wochen in einem ausgewogenen Verhältnis enthalten sind. Schmeckt es dem Boxer, ist sein Fell weich und glänzend, riecht er angenehm, hat er keine Zahn- und Fellprobleme, sind seine Häufchen nicht zu groß, geht es ihm rundum gut, stimmt wahrscheinlich auch die Fütterung. Im Prinzip kann der Boxer alle Fleischsorten roh fressen, außer Wild- und Hausschwein, das im rohen Zustand das tödliche Juckseuchevirus (Aujeszky) beinhalten kann. Angeblich soll das Virus auch schon in gekochtem Schweinefleisch nachgewiesen worden, deshalb sollte man im Zweifelsfall besser ganz auf Schwein verzichten. Rohe Knochen sind für Hunde (normalerweise) vollkommen unbedenklich, auch von Geflügel. Erst in erhitztem Zustand splittern sie und können so zu bösen Verletzungen in Maul, Kehle, Speiseröhre und Magen-Darmtrakt führen. Man rechnet etwa 10 % der Gesamtfuttermenge an Knochen. Verträgt ein Hund die Knochen nicht so gut (z.B. führen Knochen bei manchen Hunden zu Erbrechen, Durchfall oder Verstopfung) sollte man die Menge reduzieren oder auf Knochen verzichten. Kommt er nicht mit den Knochen klar, sollte man ebenfalls darauf verzichten und Alternativen suchen, z.B. Knochenmehl, gewolfte Knochen oder ein entsprechendes Zusatzpräparat, wie z.B. Calciumcitrat. Rohe Leber, kleine (!) Mengen Milch oder Käse können Verstopfung entgegen wirken. Während rohe Leber abführt, wirkt gekochte Leber stopfend. Anstelle von Leber kann man auch Lebertran in Mahlzeiten verwenden. Man sollte nicht täglich Leber füttern oder nur in kleinen Mengen, da sie große Mengen an Vitamin A enthält, das überdosiert schädlich wirken kann (kann z.B. zu Knochen- und Augenproblemen führen). Auch Möhren und Löwenzahn enthalten Vitamin A. Auch zu wenig Vitamin A kann schädlich sein. Leber enthält auch Vitamin B. Ebenfalls kann man Vitamin B durch Bierhefe zuführen. Viele Hunde lieben Milchprodukte. Manche Hunde reagieren allerdings schon auf kleinste Mengen Laktose mit heftigen Durchfällen. Dann sollte man auf Milchprodukte verzichten oder auf laktosereduzierte Produkte zurückgreifen. Fleischige Knochen (z.B. Rinderschwänze, Hühnerhälse) sind bekömmlicher als solche ohne Fleisch. Durch die gleichzeitige Fütterung von Fleisch wird die Produktion von Verdauungssäften angeregt, die wichtig sind, um die Knochen zu zersetzen. Neben Muskelfleisch (wozu auch Magen und Herz zählen) sollten auch Innereien (z.B. Leber, Pansen, Blättermagen) in kleinen Mengen ergänzt werden. Dem Fleisch kann man auch hin und wieder Eier (roh oder gekocht), Möhren (gerieben), Haferflocken, Dinkelflocken, Reis (gekocht), Kartoffeln (gekocht), Joghurt und Hüttenkäse untermischen. Manche Hunde mögen gerne mal Obst (z.B. Äpfel, Bananen). Man kann es auch als Leckerli anbieten, wenn der Hund sie in Verbindung mit Fleisch nicht mag. Obst kann man gerieben oder in Stücken anbieten. Auch Hüttenkäse, Naturjoghurt, rohe oder gekochte Eier, gekochte Kartoffeln und gekochte Nudeln kann man hin und wieder in kleinen Mengen unter das Futter geben. Verschiedene Öle wie Lachsöl, Lebertran usw, Butter, Käse kann man in kleinen Mengen hin und wieder anbieten und unter das Futter geben. Je nach den Gegebenheiten und der Zusammensetzung des Futters kann man auch Seealgenmehl, Kräuter und Mineralstoffmischungen, Blut oder Blutmehlpulver (kein Schweineblut, erhältlich beim Metzger, in BARF-Shops oder manchen

Zoofachgeschäften) zugeben. Dabei aber genau auf die Fütterungshinweise achten, denn zu viel kann genauso schädlich sein wie zu wenig. Das Futter sollte Zimmertemperatur haben, wenn es gefüttert wird. Man kann BARF-Mahlzeiten auch komplett vorbereitet in Kunststoffdosen oder -beuteln einfrieren und einen Tag vor geplanter Verfütterung langsam im Kühlschrank auftuen lassen. Fertigfutter sollte aus mindestens 50 %, besser 60-70 % Fleisch und Innereien bestehen. Ein kleiner Teil Fett (z.B. Lachsöl, Rinderfett, Kokosöl (letzteres ist gut gegen Würmer), eine Calciumquelle (z.B. Knochenmehl), etwas Gemüse (z.B. Karotten) sowie sonstige Zusätze (z.B. Seealgenmehl, das gut für Fell und Haut ist) runden das Menü ab. Einige Vitamine sind fettlöslich, weshalb Fett im Futter sein muss. Möchte man nicht komplett barfen, kann man auch halb und halb mit einem guten Dosenfutter mischen oder einem guten Dosenfutter regelmäßig einen kleineren Teil frisches Fleisch und Innereien, ggfs auch Fisch, zufügen.

Der Fertigfutterdschungel ist riesig. Dabei werden überwiegend absolut minderwertige Produkte angeboten, die den Hund mit Nährstoffen über- oder unterversorgen und ihn auf Dauer krank machen. In aller Regel bestehen solche Futter aus Abfällen der Getreideindustrie, gespickt mit ein paar Schlachtabfällen (Haare, Krallen, Schuppen, Federn und anderes minderwertiges

Zeug) und Lockstoffen, damit der Mist auch gefressen wird. Dass solche Futter für Hunde und Katzen nicht gesund sind, dürfte einleuchten. Sie führen zu Gestank des Hundes, Haut- und Fellproblemen, Nieren- und Krebsleiden, schlechten Zähnen, Allergien und vielem mehr. Um für den menschlichen Eindruck weniger unappetitlich zu erscheinen (was kaum gelingt), wird Zucker zugesetzt, der die Zähne schädigt und Diabetes- und Krebsleiden fördert. Neben Getreide führt auch Zucker schnell zu Übergewicht. Konservierungsstoffe sind ebenfalls nicht unbedenklich und stehen in Verdacht, krebsauslösend zu sein. Aber es gibt wie

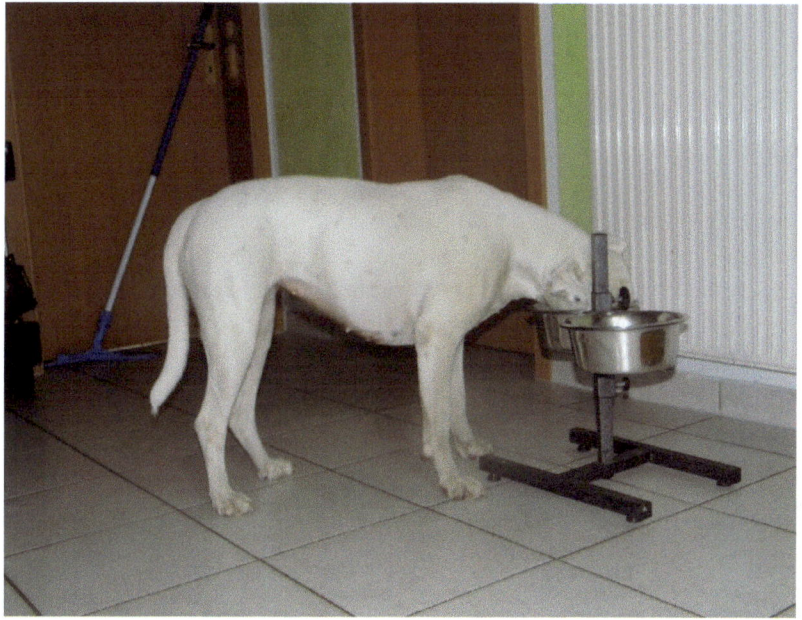

Die Näpfe erhöht anzubieten erleichtert dem Hund das Fressen und Trinken. Auch für alte oder gelenkkranke Hunde ist das eine gute Alternative. Während man Futterreste nach etwa einer Viertelstunde wegnehmen sollte, muss frisches Wasser immer bereit stehen.

gesagt auch einige wenige gute Fertigfutter. Man findet sie im gut sortierten Zoofachhandel, meistens nicht beim Tierarzt und eher selten im Supermarkt. Der Bedarf an Nährstoffen

Kleine Auswahl an gesunden Leckerchen. Von links: getrocknete Kauröllchen aus Reis und Hühnerfleisch, Lammpansen und getrocknetes Hühnchenfleisch mit Reis.

unterscheidet sich je nach Lebensalter, Beanspruchung und Gesundheitszustand. Ich empfehle unbedingt weitere Literatur über das BARFen. Es gibt im Fachhandel viele gute Bücher, die sich nur mit dem BARFen befassen. Einige Zoofachgeschäfte, Internetversandhändler und sogar richtige BARF-Shops bieten Fleisch, Innereien, Knochen und Supplemente (Zusätze wie z.B. Öl, Knochenmehl) an. Aber man kann viele Zutaten auch in Supermärkten, Geflügelläden, Fleischereien und Bioläden bekommen. Im Übrigen rechnet man bei normaler Beanspruchung des erwachsenen Hundes 2-3 % des Körpergewichts des Hundes als Futtermenge.

Es sind nicht alle Fertigfutter schlecht. Im Zoofachhandel werden zum Teil auch hochwertige Dosenfutter angeboten. Sie bestehen aus mindestens 60/70 % Fleisch und aufgeschlüsselten Nebenerzeugnissen. Nebenerzeugnisse sind eigentlich Abfälle. Manche Nebenerzeuge wie z.B. Innereien sind aber in Maßen wichtig und gesund. Handelt es sich um Reinfleischdosen, muss man noch etwas Gemüse oder Getreide beimengen, eventuell auch Fett und Knochenmehl o.ä. Anstelle von Knochenmehl kann man z.B. auch gemörserte Eierschalen untermischen. Bei einem guten (!) Alleinfutter ist das nicht nötig und wäre auch nur bedingt sinnvoll. Die benötigte Nährstoff- und Futtermenge kann mit dem Lebensalter, der täglichen Leistung des Hundes, Säuge-

und Tragephase bei Hündinnen, dem Gesundheitszustand usw variieren. Im Sommer benötigt der Hund oft weniger Energie als im Winter. Manche Hunde sind etwas mäkelig. Man kann versuchen, etwas Leckeres in kleinen Mengen unterzumischen (z.B. Eier (roh oder gekocht), gekochte Nudeln, Käse, Würstchenwasser, Brühe von

ausgekochten Rindermarkknochen, gutes Dosenfutter bei BARF-Mahlzeiten oder etwas Rohfleisch bei gutem Dosenfutter). Mancher Hund entwickelt sich zu einem besseren Fresser, wenn ein zweiter Hund in's Haus kommt. Welpen haben oft we-

Smilla sucht Leckerchen im Laubhaufen.

nig Appetit, wenn sie in ihr neues Zuhause kommen. Der Futterneid durch die Geschwister fehlt, außerdem ist der Welpe erst einmal aufgeregt und mag deshalb nicht richtig fressen. Nach einigen Tagen legt sich das aber meist. Anfangs sollte er das gleiche Futter wie beim Züchter bekommen, aber man kann nach einigen Tagen schon vorsichtig anfangen, das Futter durch ein anderes zu ersetzen, wenn das gewünscht ist. Man mischt dann in kleinen Mengen das neue Futter unter und lässt

Teile des alten Futters weg. Das neue Futter wird in immer größeren Mengen untergemischt. Manche Welpen und auch erwachsenen Hunde vertragen eine plötzliche Futterumstellung sehr gut, andere müssen sich langsam daran gewöhnen. Ein 8 Wochen alter Welpe hat einen etwa zweimal so großen Bedarf an Eiweiß und Energie (bezogen auf das Körpergewicht). Man kann Welpen deshalb recht früh, etwa mit 3-6 Monaten auf Futter für erwachsene Hunde umstellen. Allerdings scheiden sich hier die Geister. Großwüchsige Hunde wachsen sehr schnell, wenn sie zu energiereich ernährt werden, was sich negativ auf das Skelet auswirken kann. Welpen bekommen täglich 3-5 Mahlzeiten, erwachsene Hunde 1-2, alte oder kranke Hunde eventuell wieder 3-5. Im Übrigen ist es ausgemachter Unsinn, einen älteren Hund mit weniger Fleisch und dafür mit mehr Gemüse und Getreide zu ernähren, denn dann sind Nierenschäden vorprogrammiert. Vertragen alte Hunde Knochen nicht mehr gut, sollte man keine Knochen mehr füttern. Nach dem Fressen sollte der Boxer mindestens 2-3 Stunden ruhen, nicht spa-

zieren gehen und auch nicht herumtoben. Auch Deckakte sollten in dieser Zeit nicht stattfinden. Eine lebensgefährliche Magendrehung könnte die Folge sein. Eine solche äußert sich in vergeblichen Versuchen zu erbrechen, Unruhe, aufgeblähtem Leib, vermehrtem Speicheln. Zeigt der Hund solche Symptome, muss er schnellstens zum Tierarzt! Nur durch eine rechtzeitige Operation kann er eventuell gerettet werden! Eine Magendrehung kann tödlich enden! Frisches Wasser muss immer bereit stehen. Futterreste nimmt man nach etwa einer Viertelstunde weg und bietet sich bei der nächsten Mahlzeit erneut an, sofern sie noch genießbar sind. Ein Kauleckerli (z.B. ein Rinderhautknochen) sollte aber immer bereit liegen. Der Hund hat damit weniger Langeweile, pflegt seine Zähne und kann Spannungen abbauen. Das Kauen beruhigt Welpen und erwachsene Hunde gleichermaßen. Kann man die Rippen des Hundes fühlen ohne starken Druck auszuüben, kann man das Rippenspiel in der Bewegung stehen, aber stechen die Rippen nicht hervor, hat der Boxer wahrscheinlich das richtige Gewicht. Sollte er zu dick sein (kann man die Rippen nicht sehen und auf Druck nicht oder schlecht fühlen), sollte man überlegen, ob er vielleicht zu wenig Bewegung hat oder zu viele Leckerchen zwischendurch bekommt. In diesem Fall sollte man die Bewegung erhöhen und die Leckerli vielleicht etwas reduzieren – oder die Hauptmahlzeit entsprechend kürzen. Zucker- und getreidehaltige Futter und Leckerli machen schon gerne mal dick. Fett und Fleisch sowie ein erhöhter Rohfasergehalt sollten den Hund dagegen eigentlich nicht dick machen. Die Wasserschüssel wird mindestens einmal täglich gründlich gereinigt, der Futternapf wird nach jeder Mahlzeit aufgewaschen. Unter die Wasser- und Futterschüsseln kann man z.B. eine Silikonunterlage legen, die täglich gereinigt wird. So bleibt auch der Boden sauber. Gesunde Leckerli sind neben Stücken aus Haut zum Kauen (z.B. Büffelhautknochen) Trockenfisch und -fleisch, Käsewürfelchen, Rinder- und Schweinsohren, Kaninchenohren, Trockenpansen, getrocknete Geflügelmägen und -herzen usw. Sie eignen sich auch zur Belohnung beim Training, bei Suchspielen und auf Futterfährten. Nebenbei sollte man dem Hund immer ein Kauleckerli (z.B. Kauknochen, Ochsenziemer, Schweinsohren usw) anbieten, wenn man ihn alleine lässt oder zur Ruhigstellung in seine Box oder auf seinen Platz schickt. Das Kauen beruhigt, der Hund ist etwas beschäftigt und kommt weniger auf dumme Gedanken. Solche Kauleckerli pflegen nebenbei auch noch das Gebiss.

BARF-Plan für eine 7-Tageswoche/ Hund von 25 kg Gewicht bei durchschnittlicher Bewegung (Beispiele)

Rezept 1

200 g Hühnchenfleisch, gewürfelt

150 g Lunge, Magen, Milz und Herz vom Kaninchen oder Huhn

Dazu 100 g gequetschte Aprikosen ohne Kerne, 100 g geriebene Karotte, 50 g pürierter Salat und 1 TL Lachsöl

Das Fleisch würfeln und verfüttern. Den Gemüse-Obst-Mix darüber geben oder getrennt vom Fleisch verfüttern.

Zum Knabbern 200 g rohe Rinderknochen.

Rezept 2

250 g durchwachsenes Rindfleisch

100 g Rinderschlund – längs aufgeschnitten

Beides würfeln (in Streifen geschnittenes Fleisch kann Magendrehungen begünstigen).

Dazu 100 g Gurke und 100 g Apfel raspeln. 1-2 EL gehackte Brennesseln und 1 TL Rapsöl hinzufügen.

Zum Beißen 200 g Rinderkehlkopf.

Rezept 3

500 g grüner Rinderpansen (am besten draußen füttern)

1 rohes Ei mit Schale

200 g rohe Rinderrippe

Rezept 4

450 g rohe Sardinen

100 g Karotte, geraspelt

100 g Selleri, geraspelt

1 TL Kokosflocken oder Kokosöl (gut gegen Würmer)

½ TL Hagebuttenpulver

Sardinen ggfs klein schneiden. Zutaten mischen und verfüttern.

Rezept 5

350 g Rinderbeinscheibe

Dazu:

50 g Brombeeren

150 g Gurke, geraspelt

1 TL Lachsöl

Brombeeren, Gurke und Lachsöl mischen und verfüttern. Rinderbeinscheibe einzeln füttern.

Rezept 6

300 g Rinderkopffleisch mit Backe

50 g Rinderherz

Beides wolfen oder würfeln, dann verfüttern.

Dazu:

150 g Apfel, geraspelt

75 g Birne, geraspelt

25 g Blattsalat, püriert

1 TL Leinöl

½ TL Seealgenmehl (gut für Fell und Haut)

Alle Zutaten mischen und verfüttern.

Dazu:

100 g Rinderschwanz

Rezept 7 (Fleischfrei)

200 g Hüttenkäse

150 g geriebener Apfel

50 g blanchierter Broccoli

1 TL Bierhefe

1 TL Leinöl

120 ml Buttermilch oder Naturjoghurt

30 g Haferflocken

125 g Banane, klein geschnitten, gequetscht oder püriert

1 TL Honig

1 TL Knochenmehl oder gemörserte Eierschale

1 TL gemahlene Haselnüsse

Zutaten mischen und verfüttern.

Der BARF-Plan dient als Anhaltspunkt. Er kann im Einzelfall variiert werden. Auch die Fleischsorten kann man variieren. Man muss nicht nur Rind und Huhn füttern. Alle Fleischsorten außer Schwein eignen sich zum Barfen, auch Fisch kann gelegentlich auf dem Speiseplan stehen. Fleisch, Innereien, Knochen und Supplemente bekommt z.T in Fleischereien, Geflügelläden, Supermärkten, Drogerien und Bioläden. Teilweise kann man auch in Fleischereien Fleisch, Knochen und Innereien bestellen. Einige Zoofachgeschäfte und Internetversandhändler bieten ebenfalls Fleisch, Innereien, Knochen, Supplemente und ganze BARF-Mahlzeiten an. Das Fleisch wird ggfs. in einer Eispackung (Trockeneis) gefroren versendet. Außerdem gibt es sogar spezielle BARF-Shops, die ihre Produkte direkt vor Ort

und auch über das Internet vertreiben. Hier bekommt man in

der Regel alles, was man zum BARFen benötigt, Fleisch, Innereien, Supplemente (Öle, Blut, Seealgenmehl (Seealgenmehl
bewährt sich bei Fell- und Hautproblemen) usw). Sogar Küche-
nutensilien wie scharfe Messer, Fleischwölfe usw kann man in
BARF-Shops teilweise erwerben. Allerdings ist die Qualität des
Fleischs nicht einheitlich. Einige Vitamine sind fettlöslich; ein
Grund, warum immer ausreichend Fett im Futter enthalten sein
sollte. Fette enthalten auch viele wichtige Inhaltsstoffe wie z.B.
Vitamine. So enthält Weizenkeimöl z.B. Vitamin E.

Die Futtermenge und Zusammensetzung der Mahlzeiten richten
sich u.a. nach dem Alter (Welpe, Junghund, erwachsener Hund,
alter Hund) und der Beanspruchung des Hundes (Familienhund,
Arbeitshund, Sporthund, Zuchthund...). Die benötigte Futter-
und Nährstoffmenge kann im Einzelfall stark schwanken. Als
Faustregel kann man sagen, dass die Futtermenge eines ausgewachsenen, gesunden und normal bewegten Boxers etwa 2-3
% seines Körpergewichts entsprechen sollte. Wachsenden Welpen und Junghunden kann man soviel Futter geben, wie sie
möchten, d.h., solange der Welpe sich wohlfühlt, sich gut entwickelt und nicht zu dick oder zu dünn ist, kann er soviel fressen
wie er möchte. Auch bei kranken Hunden müssen die Menüs
eventuell angepasst werden. Ich empfehle unbedingt weiterführende Literatur zum Thema. Im Winter kann das Futter z.B.
auch gehaltvoller sein als im Sommer.

Was darf der Hund nicht fressen? Was muss man noch beachten?

Tabu sind Fertigfutter mit einem Fleischgehalt von unter 50 %,
und da scheidet eine Vielzahl schon aus. Auch rohes Schweinefleisch sowie erhitzte Knochen sind tabu. Trockenfutter (auch solches mit einem Fleischgehalt von 70 %) ist allenfalls in kleinen
Mengen als Leckerli geeignet. Rohes Schweinefleisch darf nicht
gefüttert werden (Juckseuche / Aujeszky'sche Krankheit /

Pseudowut → endet tödlich!), Zwiebeln und Knoblauch in großen Mengen (können zu Blutarmut und Zerstörung der roten Blutkörperchen führen). Schokolade / Kakao ist giftig und kann zum Tod führen (eine Milchschokoladenmenge von 280 g kann einen 5-kg-Hund umbringen!). Weiterhin ungeeignet bis giftig sind Avocado, rohe Kartoffeln, grüne Paprika, Auberginen, alle Kohlsorten, Hülsenfrüchte, die meisten menschlichen Essensreste, Holunderbeeren. Nüsse nur ganz frisch und in kleinen Mengen füttern, ältere Nüsse können Schimmelpilze beinhalten. Walnüsse sind giftig. Viele Nussarten führen zu Blasensteinen oder Störungen des Knochenstoffwechsels. Weintrauben und Rosinen sind giftig und können die Nieren schädigen. Ob man Milchprodukte füttert, hängt von den Verträglichkeiten und Vorlieben des Hundes ab. Quark, Naturjoghurt, Käse und Butter sind in kleinen Mengen als willkommene Abwechslung beliebt. Diese Aufzählung erhebt keinen Anspruch auf Vollständigkeit.

Ein gut ernährter Hund stinkt nicht, haart nicht übermäßig (beides ist aber so bei mit Getreideabfällen traktierten Hunden; falsch ernährte Hunde versuchen auch über die Haut permanent zu entgiften und riechen deshalb sehr unangenehm; gesunde, artgerecht ernährte Hunde stinken dagegen nicht!), hat meistens gesunde Zähne (aber auch gebarfte Hunde können Zahnleiden bekommen, nur ist das weitaus seltener), er fühlt sich rundum wohl, ist nicht zu dick, hat gesunde Krallen und einen athletischen, muskulösen Körperbau. Sicher kann auch ein perfekt ernährtes Tier krank werden. Zu einem gewissen Grad spielen hier auch Umwelteinflüsse und Genetik mit hinein. Die Wahrscheinlichkeit, dass ein gesund ernährter Hund krank wird, ist aber wesentlich geringer, als wenn er mit einem unausgewogenen Fertigfutter (oder auch unausgewogenem selbstzubereiteten Futter) bzw auf Getreidebasis ernährt wird. Natürlich verlieren auch gebarfte oder mit einem der wenigen guten Fertigfutter ernährten Hunde Haare, aber keinesfalls in dem Maße wie mit Getreideabfällen traktierte Hunde. Jedoch sei an dieser Stelle angemerkt, dass kurzhaarige Hunde wie Deutsche Boxer mehr Haar verlieren als langstock- oder langhaarige Hunde, weil bei Hunden mit längerem Fell das tote Haar nicht einfach so ausfällt, sondern von den noch festsitzenden Haaren festgehalten wird. Die beste Art, einen Hund zu ernähren, ist (meiner Meinung nach!) das BARFen. Kommt dieses nicht in Betracht, kann man auch ein gutes Dosenfutter wählen. Auch eine Kombination aus beidem ist möglich. Viele Hundehalter, die nicht komplett barfen möchten, legen einen oder zwei BARF-Tage in der Woche ein oder ergänzen das hochwertige Nassfutter regelmäßig mit kleinen Mengen rohem Fleisch, Innereien und ggfs auch rohen Knochen. Es gibt auch einige wenige gut zusammengesetzte Trockenfutter. Diese sind aber schon aufgrund der fehlenden Feuchtigkeit eher als zusätzliche Nahrung oder als Belohnungshappen geeignet. Manche Hundehalter weichen Trockenfutter auch in Wasser oder Brühe ein. Ob das die Qualität des Futters erhöht, wage ich zu bezweifeln, ggfs. erhöht es aber die Akzeptanz. Man kann je nach Vorlieben und Verträglichkeiten des Boxers durchaus hin und wieder andere Lebensmittel unter das Fertigfutter geben: gewolftes oder gewürfeltes Fleisch und Innereien (roh oder gekocht), Käse, Joghurt, Quark, Möhren, Äpfel, Birnen… Die meisten Hunde sind für etwas Abwechslung dankbar. Wichtig ist, dass der Hund gut zusammen gesetztes Futter bekommt, dass es ihm schmeckt und gut tut. Im Anhang sind einige empfehlenswerte BARF-Bücher genannt.

Wichtige Hinweise: Vielleicht mag der eine oder andere Hundefreund beim Lesen dieses Kapitels den Eindruck erhalten haben, dass alle Fertigfutter schlecht sind und dass BARFen das Allerheiligste sei. Ich möchte aber an dieser Stelle deutlich machen, dass keineswegs alle Fertigfutter schlecht sind. Es sind durchaus einige gute Alternativen dabei. Man sollte sich nur die Zutatenliste genau ansehen. Es ist auch nicht so, dass es keine Tierärzte gibt, die sich gut mit der (richtigen) Ernährung des Hundes auskennen. Diese gibt es sehr wohl, nur leider nicht an jeder Ecke.

In der Regel liegt der Schwerpunkt der Arbeit des Tierarztes ja auch woanders. Wer barfen möchte, muss sich sehr genau mit dem Thema auseinandersetzen. Es genügt keinesfalls, einige Brocken rohes Fleisch und etwas geraspeltes Gemüse in einen Napf zu werfen. Wem das Barfen zu aufwendig ist, wer nicht gerne mit rohem Fleisch und Innereien hantiert oder wer sich nicht mühevoll durch die Literatur arbeiten möchte, ist mit einem guten (!) Komplettfertigfutter sicher besser beraten. Man muss beim BARFen auch einige hygienische Grundregeln einhalten, damit es nicht zu bösen Infektionen bei Mensch und Tier kommt. Normale Hygieneregeln, die aber sowieso gelten, reichen normalerweise aus. Die Näpfe und alle Utensilien, die mit dem BARFen in Berührung kommen, müssen peinlich sauber gehalten werden, normales Spülen mit heißem Wasser und Spülmittel oder die Reinigung in der Spülmaschine reichen aus. Natürlich hat der Hund seine eigenen Futterschüsseln, natürlich schneidet man nicht seinen Sonntagsbraten auf dem Brett, auf dem gerade noch der ungereinigte Pansen für den Boxer gelegen hat. Aber es ist kein Problem, wenn aus Platzgründen einmal die sauber abgepackten Erbsen und Fischstäbchen für den Menschen im selben Gefrierfach wie die ebenfalls sauber abgepackten Futterportionen für den Boxer landen. Ich persönlich bin voll und ganz vom BARFen überzeugt, was der Leser sicher bemerkt haben wird. Aber niemand braucht ein schlechtes Gewissen zu haben, weil er sich das BARFen nicht zutraut oder es aus anderen Gründen nicht in Betracht kommt. Wer dagegen BARFen möchte, sollte sich durch die BARF-Literatur kämpfen und verschiedenes beherzigen. Denn auch ständig schlecht zusammengestellte BARF-Mahlzeiten können den Boxer auf Dauer krank machen. Niemand ist ein schlechter Hundehalter, weil er nicht barft! Und auch ein (perfekt) gebarfter Hund kann krank werden, auch wenn das Risiko deutlich geringer ist. Dagegen kann auch ein Hund lebenslang gesund sein, wenn er ein gutes (!) Fertigfutter bekommt. Auch eine Kombination aus BARF und Fertigfutter ist möglich. Zum Thema Kauknochen, Kauleckerli und echte Knochen muss ich an dieser Stelle ebenfalls noch etwas anmerken. Weiter oben habe ich rohe (!) Knochen und Kauleckerli aus dem Zoofachhandel empfohlen. Auch Teile vom Hirschgeweih eignen sich zur Beschäftigung und Zahnpflege. Die Kauartikel sollten so groß sein, dass der Boxer sie nicht im Ganzen verschlucken kann. Der Boxer speichelt getrocknete Hautteile (Kauartikel, z.B. Schweineohren, Rinderhautstücke) ein. Mit der Zeit werden diese Stücke weich. Die Struktur löst sich auf. Der Boxer wird versuchen, das weiche Stück herunter zu

schlucken. Das harte Ende kann im Rachen stecken bleiben. Das kann im Extremfall dazu führen, dass der Boxer erstickt.

Man sollte deshalb Kauartikel und echte rohe Knochen (erhitzte Knochen sind ja sowieso tabu) nur unter Aufsicht füttern, damit man im Ernstfall eingreifen kann. Alternativ kann man auch gemahlene oder gewolfte Knochen füttern, die dann allerdings keinen Effekt auf Zähne und Beschäftigung mehr haben. Ebenso ist Calciumcitrat möglich. Wer das Futter für den Boxer selbst zubereiten möchte, aber der Rohfütterung nicht traut: man kann das Futter auch kochen. Dazu sollte man ebenfalls Literatur anschaffen oder sich anderweitig informieren, z.B. bei einem Ernährungsberater für Hunde, der eine oder andere Tierarzt kann sicher ebenfalls weiterhelfen. Hierbei ist aber zu beachten, dass man dem Hund keinesfalls (!) erhitzte Knochen zu fressen gibt (Splittergefahr!) und dass man eventuell durch das Kochen zerstörte Nährstoffe anderweitig ersetzen muss. Wer einen Schlinger sein Eigen nennt, sollte das Futter wolfen, damit der Boxer keine Probleme bekommt oder gar erstickt. Es ist allerdings normal, dass Hunde auch hin und wieder Futter erbrechen und dann erneut verzehren – lecken Welpen die Lefzen älterer Hunde, würgen dieses meist ebenfalls Futter für die Welpen hervor, also ein ganz natürlicher Vorgang. Dieses Verhalten ist natürlich auch unter Wölfen zu beobachten. Hunde, die Obst und/ oder Gemüse einzeln oder in der Fleischmahlzeit ablehnen, kann man vielleicht davon überzeugen, indem man zwei- bis dreimal wöchentlich einen fleischfreien Tag einlegt. Man gibt dann einfach das gekochte oder geraspelte (eventuell auch zu Mus zerstampfte) Obst und Gemüse unter den Quark oder Naturjoghurt, einen Löffel gutes Öl dazu – fertig! Wer Angst vor Keimen hat und davon nicht wegzubekommen ist: man kann das Fleisch auch kochen. Wenn der Boxer das frisst und verträgt, ist es in Ordnung. Man sollte aber auch hier auf weiterreichende Literatur zurückgreifen und sich eventuell auch Rat bei einem erfahrenen Halter, Züchter, eventuell auch Tierarzt oder Hundeernährungsberater holen, falls man unsicher ist. Auch wenn ich persönlich voll und ganz vom Barfen überzeugt bin: jeder Hundehalter muss seinen eigenen Weg finden. Ist es BARFen, ist das gut. Ist es Selbstgekochtes: auch gut. Ist es ein gutes (!) Fertigfutter: ebenfalls gut. Wichtig ist, dass es dem Boxer bekommt und schmeckt. Dann ist die Welt in Ordnung.

Gesundheit und Pflege

Der Deutsche Boxer ist robust und recht pflegeleicht. Regelmäßige **Pflege** unterstreicht nicht nur die Attraktivität des Hundes, sie fördert auch sein Wohlbefinden. Außerdem erkennt man bei der täglichen Pflege des Hundes schnell eventuelle Parasiten, Hautveränderungen (z.B. Knötchen) oder ähnliches. Die Fellpflege ist dabei recht einfach. Etwa einmal wöchentlich wird der Boxer mit einer weichen Naturhaarbürste oder einer

Gumminoppenbürste gebürstet. Mit einem Gummistriegel bürstet man mit und gegen den Strich. Zum Schluss wird der Boxer noch einmal mit der Naturhaarbürste „bearbeitet", und schon ist sein kurzes Fell wieder chick. Staub und lose Haare lassen sich so schnell entfernen. Die Ohren sollten im Abstand von etwa 7-14 Tagen gereinigt werden. Entweder wischt man das Ohr vorsichtig mit einem in Babyöl getränkten Wattepad sauber (besser kein Stäbchen!), oder man gibt spezielle Reinigungsflüssigkeit aus dem Zoofachhandel in das Hundeohr. Diese wird in das Ohr eingetropft und vorsichtig einmassiert. Anschließend schüttelt der Boxer den Schmutz selbstständig aus den Ohren. Beläge, Verfärbungen, schlechte Gerüche, Ausfluss, Schmerzen an den Ohren u.ä. sollten ggfs. vom Tierarzt abgeklärt und behandelt werden. Nach dem Baden und Schwimmen sollten die Boxerohren mit einem weichen Tuch oder einem Wattepad abgetrocknet werden, denn auch nach dem Schütteln bleibt Feuchtigkeit in den Ohren zurück. Der Boxer könnte sich sonst schnell eine üble Ohrenentzündung zuziehen. Die Krallen sollten im Stand den Boden nicht berühren. Ein winziger Spalt sollte zwischen Kralle und Boden Platz sein. Splitternde Krallen können z.B. auf einen Nährstoffmangel hindeuten. Zu lange Krallen sind ein Hinweis darauf, dass der Boxer zu wenig Bewegung hat oder die Krallen sich auf weichem Boden zu wenig abnutzen. Zu lange Krallen können über kurz oder lang zu Fehlhaltungen und Schmerzen führen und auch zum Abreißen oder Abbrechen neigen, was für den Hund sehr schmerzhaft ist. Bei weißen und gescheckten Boxern sieht man das „Leben", das nicht eingeschnitten werden darf, oft recht gut. Bei gestromten, roten und gelben Boxern sind die Krallen meist dunkler. Es sollte nur die Spitze soweit gekürzt werden, dass der Boxer normal und ohne Schmerzen stehen und laufen kann. Ein zu tiefes Einschneiden führt zu Blutungen und Schmerzen. Wer unsicher ist, kann das Krallenschneiden einen erfahrenen Züchter, Tierarzt oder Personal in einem Hundesalon durchführen lassen. Man sollte auch regelmäßig Fremdkörper wie Steinchen usw zwischen den Zehen entfernen. Im Winter kann man die Pfoten nach dem Spaziergang mit warmem Wasser von Streusalzresten befreien, abtrocknen und anschließend mit einer speziellen Pfotensalbe aus dem Zoofachhandel einreiben, um sie zu schützen und geschmeidig zu machen. Man sollte schon den Welpen an Pflegemaßnahmen spielerisch gewöhnen, dann hat man beim erwachsenen Boxer weniger Probleme. Hier mal kurz ins Maul und in die Ohren geschaut, da mal die Pfoten kontrolliert, dort mal das Fell mit einem Fensterleder kurz abgerieben, hinterher ein Leckerli gegeben, dann kommt meist auch der erwachsene Boxer recht gut damit zurecht. Die Zähne reinigen sich meist durch das Verfüttern von rohen Knochen und Kauprodukten aus dem Zoofachhandel, z.B. Büffelhautknochen, größeren rohen Fleischstücken u.ä. ausreichend (**hierzu unbedingt die entsprechenden Hinweise im Ernährungskapitel beachten!**). Gelbe, braune oder graue Beläge, schlechter Geruch aus dem Fang oder Zahnabbrüche sollten ggfs vom Tierarzt behandelt werden. Reicht eine naturnahe Ernährung nicht aus, um die Zähne zu reinigen, kann man die Zähne mit 3%iger Wasserstoffperoxydlösung und einer Hundezahnbürste putzen (am besten schon mit dem Welpen üben). Anschließend kann man z.B. Dentisept™ (eventuell beim Tierarzt erhältlich) auftragen, das Bakterien, Pilze usw zerstört und Zahnbelag- und Zahnsteinbildung vorbeugt. Reicht das alles nicht aus, kann nur noch der Tierarzt den Zahnstein entfernen. Er kann auch kranke Zähne sanieren oder ziehen. Zahnstein sieht nicht nur unschön aus. Er führt zu schlechten Zähnen, Zahnschmerzen und durch die sich bildenden Bakterien, die über die Blutbahn durch den ganzen Körper wandern, kann Zahnstein indirekt an Folgeerkrankungen wie z.B. Nieren- und Herzschäden mitbeteiligt sein. Deshalb sollte man immer auf gesunde Zähne des Hundes achten. Außerdem sind Zahnschmerzen auch für Hunde nicht schön! Zahnschmerzen können sich z.B. durch vermehrtes Speicheln, Probleme beim Fressen, Futterverweigerung u.a. äußern.

Impfungen und Parasiten

Gegen die gefährlichsten Infektionskrankheiten gibt es Impfungen, Welpen werden ausreichend grundimmunisiert. Ob man erwachsene Hunde regelmäßig nachimpfen lässt, ist Ansichtssache. Ich persönlich bin für regelmäßiges Nachimpfen (je nach Impfstoff und Beurteilung des Tierarztes alle 1-3 Jahre), aber es steht außer Frage, dass Impfungen auch Nebenwirkungen haben können. In der Regel wird im Alter zwischen 6 und 14 Wochen gegen Parvovirose, Zwingerhusten, Hepatitis, Staupe, Leptospirose und Tollwut grundimmunisiert. Ansonsten wird der Hund alle 12-36 Monate nachgeimpft (beim Tierarzt erkundigen). Je nach Wohngegend und Beurteilung des Tierarztes kann es sinnvoll sein, gegen weitere Krankheiten zu impfen. Auf Zuchtschauen, in Hundetagesstätten und Tierpensionen wird meist ein ausreichender und aktueller Impfschutz verlangt, dasselbe gilt für Auslandsreisen mit Hund, wo die letzte (meist Tollwut-) Impfung i.d.R. nicht jünger als vier Wochen und nicht älter als 12 Monate sein darf. Impfungen werden im Impfpass des Hundes vermerkt, den der Tierarzt ausstellt. **Parasiten** (innere und äußere) können Mensch und Tier gefährden. Ein starker Wurmbefall kann sogar einen Welpen töten. Aber auch erwachsenen Hunden tun Würmer nicht unbedingt gut. Wenn Kleinkinder im Haus sind, sollte man alle 2-3 Monate entwurmen, Welpen, tragende, säugende und zur Zucht bestimmte Hündinnen (letztere ca. 1 Monat vor dem Decken) sollten ebenfalls alle 2-3 Monate entwurmt werden. Ansonsten kann man auch natürliche Mittel ins Futter geben, ich habe gute Erfahrungen mit Kokosöl und Kokosflocken sowohl gegen äußere als auch innere Parasiten gemacht. Man kann Kokosöl und -flocken ins Futter geben (je 1 EL) und Kokosöl auch ins Fell reiben. Manche Hundehalter haben auch gute Erfahrungen wie anderen Mitteln wie Thymian, rohen Karotten u.a. gemacht. Reicht das nicht aus, kann und sollte man tatsächlich mit einem Mittel vom Tierarzt entwurmen. Es gibt Pasten, Tabletten und Spot-Ons (letztere werden von außen auf die Haut gegeben). Hinweise auf Würmer sind weiße, sich bewegende Stücke in den Exkrementen des Hundes, aber auch Husten, Schnupfen, Abmagerung trotz guten Appetits, glanzlose Augen, stumpfes Fell, Erbrechen, Durchfall, Verstopfung. Die Würmer leben im Magen-Darm-Trakt des Hundes und können sich auch in den Atemwegen „herumtreiben". Mitunter schauen Würmer auch aus dem After oder der Nase des Hundes heraus. Dauernde Wurmkuren auf Verdacht können allerdings auch die Darmflora des Hundes schädigen. Deshalb geben viele Hundehalter von vornherein natürliche Mittel ins Futter (wie Kokos), die gut gegen Würmer helfen, oder sie lassen bei Verdacht eine Kotprobe des Hundes beim Tierarzt untersuchen und behandeln dann gezielt gegen Würmer, besonders wenn natürliche Mittel einmal versagen. Mit Würmern kann sich der Hund durch infiziertes Futter infizieren (was aber kaum passieren dürfte, sofern man keinen Magen-Darm-Trakt füttert, der noch dazu nicht eingefroren wurde), oder aber, und das ist wahrscheinlicher, wenn er draußen an einem infizierten Häufchen schnüffelt oder etwa eine infizierte Maus frisst. Infizieren kann sich der Hund natürlich auch mit Würmern, wenn er Exkremente von Weide- oder Wildtieren frisst.

Zu den äußeren Parasiten gehören Zecken, Flöhe, Milben und Haarlinge. Auch sie können bei Mensch und Tier zu bösen Infektionen führen. Häufiges Kratzen, Lecken, Fiepen und Beißen des eigenen Körpers kann auf Parasiten hindeuten, aber beispielsweise auch auf eine Allergie, auch auf anderes wie z.B. falsches Futter. Entzündete oder veränderte Fell- und Hautstellen sollte sich der Tierarzt einmal ansehen. Milben, Läuse und Flöhe können arge Probleme machen. Man sollte sie gezielt bekämpfen. Sie können auch andere Krankheiten übertragen. Im Falle von Flöhen sollte man auch alle Aufenthaltsplätze des Hundes gezielt behandeln. Man erkennt sie an ihrem schwarzen Kot, den sie im Fell des Hundes verteilen. Weicht man diesen mit Wasser auf, wird er rot, da er aus dem Blut des Hundes besteht. Es gibt im Fachhandel „Indoorex-Foggers", die die ganze Wohnung flächendeckend „einnebeln". Dabei dürfen keine Lebensmittel herumliegen, alle Tiere und Menschen sollten für ca. 2 Stunden die Wohnung verlassen. Danach sollten alle Parasiten tot sein. Anschließend empfiehlt es sich, die ganze Wohnung gründlich zu lüften und zu saugen. Zecken sind kleine bräunlich-graue Spinnentiere. Sie sind ab dem Frühjahr bis in den Herbst (bis zum ersten Frost) auf Wiesen und in Gebüschen u.ä. unterwegs. Beim Vorbeilaufen eines Tieres oder Menschen lassen sie sich mitnehmen. Sie sind eine Weile auf dem Hund unterwegs und beißen sich schließlich fest, um Blut zu saugen. Bei einem Biss können sie Erreger für Borreliose, Hirnhautentzündung u.a. bei Mensch und Tier übertragen. Man sollte seinen Hund und sich nach dem Spaziergang gründlich absuchen und die Tierchen ggfs entfernen. Hat eine Zecke sich festgebissen, entfernt man sie am besten mit den Fingern oder einer Zeckenzange (letztere ist beim Tierarzt oder im Zoofachhandel erhältlich und quetscht das Tier weniger). Bleibt der Kopf stecken, kann sich dieser entzünden. Sieht die Stelle nach dem Biss seltsam aus, ist sie gerötet, verhält der Hund sich seltsam, will er vielleicht vermehrt schlafen und nicht mehr so viel laufen oder lahmt er, kann er sich mit Borreliose o.ä. infiziert haben. Er sollte dann umgehend zum Tierarzt gebracht werden. Es gibt auch gegen äußere Parasiten verschiedene Mittel beim Tierarzt und im Zoofachhandel. Eine gesunde Ernährung (z.B. BARF) hilft gegen Parasiten, besonders wenn man Kokos zufüttert, was für die bessere Abwehr spricht. Bei einem stärkeren Befall kann und sollte man aber durchaus ein Mittel vom Tierarzt geben. Man muss jedoch bedenken, dass solche chemischen Mittel auch den Hundeorganismus belasten. Und selbstverständlich kann sich auch ein gebarfter Hund einmal eine Zecke einfangen.

Krankheitssymptome (nicht nur nach Zeckenbissen, sondern allgemein) können sein: Appetitlosigkeit, übermäßiger Appetit oder Durst, Bewegungsstörungen, Hinken, Verweigerung bestimmter Bewegungen, Durchfall, Verstopfung, Erbrechen, Gestank des Hundes, unangenehmer Geruch aus dem Fang, allgemeines Unwohlsein u.a. Der Hund sollte zum Tierarzt, wenn er sich eigenartig verhält. Auch plötzliche Wesensveränderungen, Blutungen aus den Ohren, dem Fang (bei Hündinnen auch vaginale Blutungen außerhalb der Läufigkeit), Knubbel unter der Haut, Haut- und Fellveränderungen u.a. sollten vom Tierarzt abgeklärt werden. Der Hund sollte grundsätzlich zum Tierarzt, wenn etwas nicht stimmt oder wenn er verletzt ist. An Feiertagen, am Wochenende muss man sich eventuell an den Tierärztlichen Notdienst wenden. In den Städten gibt es diesen in der Regel. Auf dem Land hat meistens irgend ein Tierarzt Bereitschaft, da die Tierärzte auch für die Landwirte abrufbar sein müssen. Manche Symptome stellen sich später als ungefährlich heraus. Bei anderen ist schnelle medizinische Hilfe gefragt. Also besser einmal zu viel als einmal zu wenig zum Tierarzt. Die Auflistung der Krankheitsanzeichen stellt keinen Anspruch auf Vollständigkeit dar. Grundsätzlich sollte man mit dem Hund, besonders dem Welpen, zum Tierarzt gehen, wenn irgend etwas seltsam ist. Man sollte auch einen neu erworbenen Hund schnellst möglich einmal vom Tierarzt untersuchen lassen, um sicher zu sein, dass er gesund ist.

Infektionskrankheiten

Infektionskrankheiten können beim Hund zu argen Problemen bis hin zum Tod führen. Bei vielen Krankheiten hilft eine Behandlung oft nicht mehr, bei der Tollwut ist sie sogar verboten. Manche Erkrankungen (wie Tollwut) sind auch auf Menschen übertragbar. Ausreichend grundimmunisiert (und ggfs. nachgeimpft) wird gegen Parvovirose, Staupe, Hepatitis, Leptospirose, Zwingerhusten und Tollwut. Man kann noch gegen weitere Erkrankungen impfen. Das hängt u.a. auch von der Wohngegend und eventuellen Urlaubsreisen ab und sollte im Einzelfall mit dem Tierarzt diskutiert werden. Soll der Hund zeitweise in einer Hundepension oder Hundetagesstätte untergebracht werden, möchte man mit ihm an Zuchtschauen, Turnieren o.ä. teilnehmen, wird in der Regel ebenfalls ein ausreichender und aktueller

Impfschutz (mindestens 4 Wochen alt, nicht älter als 12 Monate) verlangt. Unter www.partner-hund.de und www.ferien-mit-hund.de findet man weitere Informationen zum Thema Urlaub mit Hund und Einreisebestimmungen. Auch der Tierarzt oder ADAC können vielleicht weiterhelfen.

Der Welpe sollte unbedingt ausreichend grundimmunisiert werden. Inwieweit der erwachsene Hund von Impfungen aus Welpentagen profitiert, ist umstritten.

Parvovirose

Die Parvovirose betrifft vornehmlich Welpen, aber auch ältere Hunde können erkranken. Die Krankheit wird auch Katzenseuche genannt, aber eine Übertragung Hund – Katze ist nicht möglich. Der sicherste Schutz ist eine ausreichende Impfung. Ein typisches Symptom ist starker bis wässriger, bisweilen blutiger Durchfall. Die Erkrankung ist ansteckend und kann tödlich enden. Für Welpen ist die Erkrankung gefährlicher als für erwachsene Hunde. Betroffene Hunde brauchen ausreichend Flüssigkeit, ggfs. durch Infusion. Behandlung durch den Tierarzt. Nachimpfung regelmäßig.

Staupe

Ebenfalls eine schwerwiegende Erkrankung, die zum Tod führen kann. Betrifft hauptsächlich Welpen und Junghunde, aber auch ältere Hunde können erkranken, sofern diese nicht ausreichend geimpft sind. Symptome: Fieberschübe, Husten, Nasen- und Augenausfluss u.a. (je nach Form der Erkrankung). Ein infizierter Hund zeigt manchmal keine Symptome, kann aber andere nicht geimpfte Hunde anstecken. Behandlung durch den Tierarzt. Nachimpfung regelmäßig.

Hepatitis

Dies ist eine durch Viren übertragene Leberentzündung. Ungeimpfte ältere Hunde stellen eine ständige Infektionsquelle für jüngere Hunde dar. Die Erreger können sich auch in Textilien (z.B. Teppichen) lange halten. Symptome sind Fieber, Brechdurchfall und Bauchschmerzen. Bei Welpen kann es zu plötzlichen Todesfällen kommen. Mögliche Folgeschäden: Augenschäden, Erblindung, Schäden des Zentralnervensystems. Nachimpfung regelmäßig.

Leptospirose

Leptospirose ist eine relativ seltene Infektionskrankheit, die auch beim Menschen zu Erkrankungen führen kann. Träger der Erreger sind oft wilde Ratten und Mäuse, die diese über den Harn ausscheiden. Die Erreger können sich fast überall befinden. Symptome: Schwäche der Hinterhand, Fieber, Appetitlosigkeit, vermehrter Durst, später Nierenentzündungen und Magen-Darm-Probleme. Nachimpfung regelmäßig.

Zwingerhusten

Zwingerhusten kann auch bei artgerecht im Haus gehaltenen Hunden vorkommen, der Name ist also irreführend. Nachimpfung regelmäßig. Symptome sind Nasen- und Augenausfluss sowie Reizhusten.

Tollwut

Dies ist eine gefährliche Infektionskrankheit. Sie ist auf alle Vögel und Säugetiere (einschließlich Menschen) übertragbar.

Deutschland gilt derzeit (2020) als tollwutfrei. Dennoch sollten Haustiere mit „Freigang" (Hunde, Katzen ect) ausreichend gegen Tollwut geimpft werden. Ein infiziertes Tier darf nicht behandelt werden und ist dem Tod geweiht. Mancherorts sind Füchse und Fledermäuse recht häufig betroffen. Mit einem Biss, aber auch durch Risse und Schürfungen kann sich ein Tier infizieren. Ein tollwutverdächtiges Tier darf sofort getötet werden. Dazu gehören auch ungeimpfte Tiere, die sich in einem gefährdeten Gebiet aufgehalten haben. Schon alleine aus diesem Grund sollte ein ausreichender Impfschutz eingehalten werden! Die Tollwut befällt das zentrale Nervensystem. Symptome sind u.a. Raserei, Beißwut, völlig abnormes Verhalten, starkes Speicheln. Am Ende folgen Krämpfe und Lähmungen, die zu einem qualvollen Tod führen. Welpen werden ab 12 Wochen gegen die Wildtollwut geimpft. Folgeimpfung alle 12-36 Monate.

Hüftgelenksdysplasie und Ellenbogendysplasie

Beim Boxer können verschiedene Gelenkleiden auftreten. Die ED (Ellenbogendysplasie) betrifft die Vorderläufe, die HD (Hüftgekenksdysplasie) die Hüften und Hinterläufe. Die Erkrankungen sind genetisch bedingt, weshalb nur Hunde mit gesunden Gelenken in die Zucht sollten. Aber auch Bewegung, Fütterung u.a. haben einen gewissen Einfluss auf diese Gelenkschäden. Eine HD kann einen Hund fast gar nicht bis sehr schwer belasten. Meist liegt der Hüftgelenkskopf nicht passgenau in der Hüftpfanne bzw diese ist abgeflacht. Normalerweise ist der Oberschenkelkopf kugelig bis walzenförmig ausgebildet und soll gut in die Pfanne passen. Es soll nur ein schmaler Spalt zwischen Kopf und Pfanne liegen. Bei der HD ist der Spalt größer, der Oberschenkelkopf ist abgeflacht. Je nach Schwere der Erkrankung (man unterscheidet HD-Frei, HD-fast-normal/ Übergangsform, HD-leicht, HD-mittel, HD-schwer) kann ein Hund Probleme mit den Bewegungsabläufen und auch Schmerzen haben. Erkrankte Hunde sollten angepasste Bewegung bekommen und

Extremsport, wilde Sprünge usw sollten vermieden werden, sie können die Erkrankung verschlimmern. Der Tierarzt und der Tierphysiotherapeut (letzterer sofern man einen findet) können die entsprechende Behandlung einleiten und Tips zur Bewegung geben. Normalerweise werden Hunde im Alter ab 12 Monaten auf HD geröntgt. Eine schwere HD ist schon beim Welpen zu erkennen, da dieser sich nicht normal bewegen kann. Viele Welpen werden dann eingeschläfert. Bei Hunden unter 12 Monaten ist eine operative Korrektur der Hüfte möglich, bei älteren der Einsatz einer künstlichen Hüfte. Hüften können ein- oder beidseitig von der HD betroffen sein. Ein erkrankter Hund sollte nicht in die Zucht. Röntgenergebnisse sollten dem Zuchtbuchamt des Vereins gemeldet werden, in dem der Hund geboren wurde. Dieses macht einen Vermerk im Zuchtbuch und in der Ahnentafel. Das ist wichtig für die Zucht. Inzwischen wird auch an genetischen Tests geforscht. So kann man Verpaarungen vermeiden, bei denen belastete Würfe zu erwarten sind, muss aber die (äußerlich) gesunden Eltern nicht zwangsläufig zur weiteren Zucht sperren.

Die ED betrifft die Ellenbogen bzw Vorderläufe des Hundes. Hierbei findet ein unterschiedliches Längenwachstum von Elle und Speiche statt. Es kommt zu Schäden in den Wachstumsfugen und vorzeitiger Arthrosebildung. Der Hund kann auf einem oder beiden Vorderbeinen betroffen sein und auf dem betroffenen Bein lahmen.

Operative Korrekturen oder Eindämmungen bei ED und HD sind möglich. Auch Physiotherapie kann helfen. BARFen und die Gabe von Grünlippmuschel, Brennnessel, verschiedener Kräuter und Heilpflanzen, aber auch Schmerzmittel (in Absprache mit dem Tierarzt) können hilfreich sein, aber sie regulieren keinen Gelenkschaden. In manchen Fällen helfen Akkupunktur und Goldkügelchenimplantation. Für beides muss der Tierarzt entsprechend ausgebildet sein. Bei der Akkupunktur werden an bestimmten „Akkupunkturpunkten" des Körpers Nadeln gesetzt und dort einige Zeit belassen. Sie können die Schmerzleitung hemmen oder unterbrechen. Bei der Goldkügelchenimplantation werden unter Röntgenkontrolle 1 mm große Goldkügelchen an den Akkupunkturpunkten implantiert. Sie bewirken dort eine Dauerakkupunktur und hemmen oder unterbrechen die Schmerzleitung. Der Gelenkschaden besteht zwar weiter, aber der Hund hat weniger oder keine Schmerzen mehr. BARFen bekommt vielen kranken Hunden sehr gut, auch solchen mit Gelenkproblemen. Ggfs. kann man die Rationen entsprechend anpassen. BARFen kann vieles heilen oder lindern. Es macht eine kranke Hüfte nicht gesund, kann aber im Zusammenspiel mit Physiotherapie, angepasster Bewegung und eventuellen Schmerzmitteln ect für mehr Wohlbefinden sorgen. Richtig gebarfte Hunde sind in aller Regel sehr viel vitaler.

Magendrehung

Magendrehungen bevorzugt auf, wenn der Hund sich nach dem Fressen übermäßig aufregt, herum tobt oder sportlich betätigt. Auch Deckakte sollten in dieser Zeit nicht stattfinden. Der Hund sollte auch Ruhe haben, wenn er große Mengen Wasser getrunken hat. Symptome sind u.a. Unruhe, starkes Speicheln, aufgeblähter Vorderbauch und vergebliche Versuche zu erbrechen. Der Hund muss bei diesen Symptomen SOFORT zum Tierarzt! Nur durch eine rechtzeitige OP kann er eventuell gerettet werden! Hunde mit schwächerem Bindegewebe, auch solche die schon mal eine Magendrehung überlebt haben, sind anfälliger für (erneute) Magendrehungen. Wahrscheinlich hat auch das Futter selbst einen Einfluss darauf. Gebarfte Hunde oder solche, die mit einem der wenigen guten Fertigfutter ernährt werden, sind für Magendrehungen weit weniger anfällig, wahrscheinlich weil Getreide „gärt". Dennoch sollten auch vernünftig ernährte Hunde nach dem Fressen nicht übermäßig herum toben, sondern eine Ruhephase einhalten. Auch kann es helfen, dem Boxer täglich mehrere kleine Futterrationen anzubieten anstelle von einer großen.

Babesiose (Prioplasmose)

Diese Erkrankung wird durch verschiedene Zeckenarten übertragen. Ihr schwerer Verlauf wird durch den Einzeller Babesia canis verursacht. Dieser zerstört die roten Blutkörperchen. Die Erkrankung ähnelt der menschlichen Malaria, weshalb sie auch Hundemalaria genannt wird. Sie äußert sich durch Blutarmut (hämolytische Anämie), hohes Fieber, Lethargie, Schwäche und Blut im Harn. Möglich sind außerdem Gelbsucht, Kollaps und multiples Organversagen.

Ehrlichiose

Die Ehrlichiose ist eine bakterielle Erkrankung, die durch Braune Hundezecken übertragen wird. Der Krankheitsverlauf ist schleichend und kann sich über die Jahre hinweg zu einer chronischen Erkrankung entwickeln. Dabei kann es zu schwerwiegenden Schäden des Knochenmarks kommen. Symptome sind sporadisches Fieber, Erkrankungen der Augen und Lymphknoten, Gewichtsverlust.

Lyme Borreliose

Lyme Borreliose wird ebenfalls durch Zecken übertragen. Sie äußert sich beim Hund in Müdigkeit, Fieber, Lahmheit und Bewegungsunlust. Manchmal ist die Bissstelle kreisrund gerötet (muss aber nicht). Zeigt ein Hund nach einem Zeckenbiss (auch wenn man vielleicht gar keinen Zeckenbiss bemerkt hat) genannte Symptome, sollte man ihn schnellst möglich zum Tierarzt bringen. Meines Wissens ist eine Impfung gegen Borreliose möglich.

Hautkrankheiten

Das Fell eines gesunden Deutschen Boxers ist kurz, glatt anliegend und glänzend. Nimmt man eine Hautfalte zwischen die Finger und lässt sie anschließend los, glättet sie sich sofort wieder. Bleibt die Hautfalte stehen, ist das ein Hinweis darauf, dass mit dem Flüssigkeitshaushalt des Boxers etwas nicht in Ordnung ist. Die Haut ist demnach elastisch. Ob die Haut hell, dunkel oder „gemischt farbig" ist, hängt vom vorherrschenden Pigmenttyp ab. Weiße Boxer haben z.B. viele schwarze oder blaue Sprenkel auf der Haut. Teilweise schimmern diese unter dem Fell durch. Ansonsten kann die Hautfarbe, hell oder dunkel, je nach Farbtyp variieren. Ist das Fell struppig, glanzlos, weist es kahle Stellen auf, ist die Haut schuppig oder ähnliches, muss die Ursache gefunden werden. Oft stimmt das Futter nicht. Vielleicht hat der Boxer eine Hautkrankheit oder eine Allergie, Parasitenbefall (z.B. Flöhe, Milben) oder er verträgt ein Medikament nicht. Es kann auch sein, dass er einen Futterbestandteil nicht verträgt (Allergie) oder dass etwas im Futter fehlt. Im Zweifelsfall sollte man den Boxer dem Tierarzt vorstellen, der die Ursache für Haut- und Fellprobleme herausfinden kann. Neben falschem Futter oder Parasiten können auch andere Ursachen hinter Fell- und Hautproblemen stecken. Im höheren Lebensalter treten bei Boxern nicht selten Hautwucherungen, Mastzellentumoren, auf. Es handelt sich dabei um Wucherungen von Gewebsmastzellen. Sie sind haarlos und glänzend, manchmal gerötet. Diese Tumoren sind meist bösartig und sehr aggressiv. Seltsame Hautveränderungen sollten immer vom Tierarzt abgeklärt und ggfs behandelt werden.

Epuliden

Epuliden sind gutartige Zahnfleischwucherungen. Sie kommen beim Boxer relativ häufig vor. Sie sehen aus, als ob sie kleine

Stiele hätten. Sie können auch verletzt werden, z.B. beim Kno-
chenkauen. Sie können operativ entfernt werden, treten dann
aber oftmals erneut auf. Der Tierarzt wird in diesem Fall den Hundehalter entsprechend beraten.

Kryptorchismus

Beim Kryptorchismus verbleiben einer oder beide Hoden im
Bauchraum. Normalerweise steigen die Hoden beim Welpen ab

und sind dann von außen sicht- und fühlbar. Beim Kryptorchismus ist die Wahrscheinlichkeit, dass der Boxer Hodenkrebs bekommt, relativ groß. Auch die Bildung weiblicher Geschlechts-
hormone ist möglich. Auch Hündinnen können Träger des entsprechenden Gens sein. Rüden mit Kryptorchismus sollten kas-
triert werden. Betroffene Rüden sind für die weitere Zucht ohnehin gesperrt. Solche Hunde sind aber immer noch wundervolle

Familien-, Begleit-, Arbeits- und Sporthunde. Beim Boxer kommt Kryptorchismus im Vergleich zu anderen Rassen relativ oft vor.

Brachycephalie

Der Boxer gehört zu den Hunderassen mit einem relativ kurzen Fang und Schädel, also zu den rund- oder kurzköpfigen Rassen. Brachycephalie ist eine krankhafte Kurzköpfigkeit. Bei der Zucht sollten nur Elterntiere mit nicht zu kurzen Fängen verpaart werden. Brachycephalie kann zu Atemnot, Problemen beim Fressen, Zahnverschiebungen, zu einer Atemnot bis hin zum Ersticken führen. Durch die behinderte Atmung können kurzköpfige (kurznasige) Hunde recht schnell einen Hitzschlag erleiden. Die Hunde hecheln auch in Ruhe, weil sie durch die kurze Nase stark bei der Atmung behindert sind. Durch das Hecheln soll der Wärmehaushalt reguliert werden. Der Kühlungseffekt bei der Nasenatmung ist Bestandteil der Thermoregulation, die bei stark kurznasigen Hunden gestört ist. Ist der Atemweg verlegt, kann die Nasenatmung zusätzlich gestört sein. Es gibt verschiedene – auch chirurgische – Möglichkeiten, dem Hund das Atmen zu erleichtern. Zur Zucht zugelassen werden sollten nur Boxer, die keinen zu kurzen Fang und keine gestörte Atmung zeigen. In leichten Fällen helfen auch Gewichtsabnahme und Gabe von Corticosteroiden (Steroidhormone). In der heißen Jahreszeit ist immer auf ausreichend Schatten, Trinkwasser und angepasste Aktivität mit dem Boxer zu achten. Brachycephalie kann auch weitere unschöne Krankheiten wie Gebissfehlstellungen, Hirntumoren, Wasserköpfe (Hydrocephalus), Geburtsschwierigkeiten, Fontanellen (offene Schädeldecken) usw begünstigen.

Meningitis-Arteriitis (Steroid-Responsive Meningitis-Arteriitis)

Die Meningitis-Arteriitis ist eine bei Hunden, auch bei Boxern, vorkommende entzündliche Erkrankung des Rückenmarks. Die

Ursache ist bisher ungeklärt. Die Erkrankung tritt meist im Alter zwischen 6 und 18 Monaten auf. Bei der akuten Form hat der Hund Schmerzen, Fieber und eine steife Halshaltung. Bei chronischem Verlauf kommt es zu weiteren neurologischen Ausfallerscheinungen wie Paresen (Lähmungen), Ataxie (Bewegungsstörungen), Anisokorie (Unterschied in den Pupillenweiten) und Schielen. Eine sichere Diagnose ist beim lebenden Tier nicht möglich. Durch Blutuntersuchungen und Ausschluss anderer Erkrankungen kann es Hinweise auf die Erkrankung geben. Eine Langzeitbehandlung mit Medikamenten, anfänglich auch Antibiotika, ist möglich und oft erfolgreich, wenn sie früh genug erfolgt.

Herzerkrankungen

Boxer sind zwar keine herzkranke Rasse, im Vergleich zu anderen Rassen kommen dennoch recht häufig Herzprobleme beim Boxer vor. Es gibt beim Boxer z.b. die angeborene Aortenstenose und Arrhytmogene rechtsventrikuläre Kardiomyopathie. Bei Aortenstenosen handelt es sich um Verengungen der Aortenklappen. Hierbei ist Ausströmen des Bluts aus der linken Hauptkammer des Herzens beeinträchtigt. Je nach Ausprägung können betroffene Hunde unter schneller Ermüdung, Atemnot und auch plötzlichen Ohnmachtsanfällen leiden. Mit einem Herzultraschall kann die Diagnose gesichert werden. Leichte Stenosen müssen meist nicht behandelt werden, schwere Fälle kann man medikamentös lindern. Eine Heilung ist derzeit nicht möglich. Bei der Arrhytmogenen rechtsventrikulären Kardiomyopathie, auch Boxerkardiomyopathie, handelt es sich um eine Erkrankung des Herzmuskels. In der Folge vergrößert sich der Herzmuskel krankhaft. Betroffene Hunde leiden unter Herzrhythmusstörungen, bei schwer betroffenen Hunden kann es dabei zum plötzlichen Herztod kommen. Mittels Langzeit-EKG und Herzultraschall wird die Erkrankung diagnostiziert. Leider treten die ersten Symptome erst auf, wenn der Herzmuskel schon stark angegriffen ist.

Kastration

Es gibt sehr unterschiedliche Ansichten darüber, ob man einen Hund kastrieren lassen soll oder nicht. Eine nicht kastrierte Hündin wird 1-3 mal im Jahr für etwa 2-3 Wochen läufig. D.h., dass sie in dieser Zeit ein blutiges, später klares vaginales Sekret ausscheidet und für Rüden attraktiv ist. In dieser Zeit kann sie erfolgreich von einem Rüden gedeckt werden. Für einen ungewollten Deckakt reicht manchmal schon eine kleine Nachlässigkeit, denn nicht nur Rüden werden die Haustür belagern (sofern ihre Besitzer sie lassen), auch die Hündin wird alles versuchen, zu einem Rüden zu kommen. Da hilft auch Erziehung nix, schon gar keine Strafen! Beide Geschlechter markieren mit Harn ihr Revier, kastrierte Hunde und läufige Hündinnen sogar noch häufiger. Ich persönlich bin für Frühkastrationen besonders bei Hündinnen, also vor der 1. Hitze oder Läufigkeit, die erstmalig im Alter zwischen 6 und 12 Monaten auftritt. Bei Frühkastrationen sind bei Hündinnen Gesäugetumoren so gut wie ausgeschlossen. Hündinnen behalten bei Frühkastrationen ihr „kindliches" Verhalten oft bei, was keinesfalls ein Nachteil sein muss. Bei der Kastration der Hündin werden Gebärmutter und Eierstöcke entfernt, beim Rüden die Hoden. Es entstehen keine ungewollten Welpen mehr, bestimmte Erkrankungen sind nicht mehr möglich bzw die Gefahr der Erkrankung ist wesentlich geringer und auch das Zusammenleben mit dem Hund ist leichter (allerdings wird ein Hund nach der Kastration nicht gehorsamer, wenn er es vorher auch nicht war – dann hilft nur Erziehung!). Die Kastration der Hündin kostet etwa 200-400 €, die des Rüden rund 200-300 €. Eine Kastration ist nicht umkehrbar und sollte wohlüberlegt sein. Es ist eine Empfehlung bezüglich der Empfängnisverhütung, dem leichteren Zusammenleben und insbesondere der Gesundheit. Man sollte die Möglichkeit, auch mögliche Vor- und Nachteile, mit dem Tierarzt diskutieren. Wie gesagt, ich persönlich bin für (Früh-) Kastrationen. Entscheidet sich der Hundehalter dagegen, ist dies natürlich legitim, sofern es aus z.B. gesundheitlicher Sicht nicht unbedingt notwendig ist. Halter nicht kastrierter Hündinnen kommen in aller Regel gut mit der Läufigkeit zurecht. Auch einen nicht kastrierten Rüden kann man durchaus unter Kontrolle halten. Möchte man einen Rüden und eine Hündin zusammen halten, kann aber die Kastration eines oder beider Hunde eine gute Lösung sein, denn während der Läufigkeit der Hündin reicht eine kleine Nachlässigkeit für eine ungewollte Trächtigkeit. Welpen sollten nur Hunde zeugen, die zur Zucht geeignet und zugelassen sind. Nachteile der Kastration können z.B. sein, dass der Hund zum Dickwerden neigt (kann man aber durch entsprechende Bewegung und Fütterung verhindern), ein Narkoserisiko ist nicht gänzlich auszuschließen. Das Fell- und Hautpigment kann aufhellen. Hier und da sind auch Wesensveränderungen beobachtet worden. Kastrierte Hunde werden oft anhänglicher und schmusiger (muss aber nicht sein). Bei der Kastration von aggressiven Hunden (um das Wesen in den Griff zu bekommen) sind auch schon Fälle bekannt geworden, in denen sich das Wesen des betroffenen Hundes noch weiter verschlimmert hat. Bei Boxerhündinnen ist eine **Inkontinenz** nach der Kastration (bzw später im fortgeschrittenen Alter) nicht auszuschließen und kommt gar nicht so selten vor. Das kann für Mensch und Boxer ziemlich belastend sein, auch wenn der Tierarzt die Inkontinenz gut medikamentös lindern kann. Eine Kastration sollte immer wohlüberlegt sein und mit dem Tierarzt im Einzelfall besprochen werden. In Bezug auf Gesundheitsvorsorge und Geburtenkontrolle kann die Kastration eine gute Lösung sein. Ein Allheilmittel ist sie aber sicher nicht.

Beim Tierarzt

Ein Tierarztbesuch kann vorbereitet werden. Der Welpe hat vor Abgabe bereits eine Grundimmunisierung erhalten. Bevor man mit seinem Boxer zum neuen Haustierarzt geht, sollte man ihn durch Pflege- und spielerische Maßnahmen daran gewöhnen, sich überall anfassen zu lassen. Man schaut ihm ins Maul und in die Ohren, inspiziert die Pfoten und Krallen und tastet den Körper beim Bürsten ab. Einige Hundehalter bringen auch ihren Welpen nach Übernahme einmal „zum Anschauen" zum Tierarzt. Der Welpe wird nur oberflächlich angesehen und bekommt ein Leckerchen. Die Auffrischungsspritze gibt's dann beim nächsten Besuch. So verbindet der Welpe den Tierarzt positiver als wenn er gleich eine Spritze bekommt. Allerdings gibt es Hunde, die beim ersten Besuch beim neuen Tierarzt keine negativen Erfahrungen gemacht haben und sich beim nächsten Besuch weigerten, in den Behandlungsraum oder gar in das Gebäude zu gehen. Andere bekamen sofort eine Spritze oder mussten eine unangenehme Behandlung über sich ergehen lassen und gingen beim nächsten Besuch wie selbstverständlich in die selbe Praxis und zum selben Tierarzt. Im Wartezimmer sollte der Boxer an der Leine bleiben und keine anderen Tiere oder Tierbesitzer belästigen. Er sollte sich benehmen und nicht kläffen. Wenn man zu Fuß zum Tierarzt gehen kann, sollte man das tun. Muss man das Auto oder öffentliche Verkehrsmittel nehmen, sollten derartige Fahrten so häufig sein, dass der Hund sie nicht direkt mit dem Tierarzt verbinden kann. Oder man wählt die Fahrt so, dass das letzte Stück zum Tierarzt zu Fuß zurück gelegt wird.

Naturheilkundliche Verfahren und Tierphysiotherapie

Bei einigen Erkrankungen versagen klassische Behandlungsmethoden oder naturheilkundliche Verfahren sind die sanftere Methode. Natürlich helfen naturheilkundliche Verfahren nicht bei allen Erkrankungen, auch sind sie nicht immer sinnvoll. Sie können aber durchaus in manchen Fällen zusätzlich eingesetzt werden und Linderung verschaffen. In manchen Fällen werden sie erfolgreich eingesetzt, wenn die klassische Schulmedizin versagt. Es gibt verschiedene Methoden mit Heilpflanzen, aber auch Akupunktur, Bachblüten o.ä. In einigen Fällen wird versucht, das eigene Immunsystem wieder zu aktivieren oder zu unterstützen. So gibt es auch Eigenbluttherapien. Bei den naturheilkundlichen Verfahren kann man auch an zwielichtige Anbieter geraten, also Vorsicht! Vielleicht kann der Tierarzt Kontakte vermitteln oder bietet bestimmte Verfahren selbst an. Wenn man bedenkt, dass man sich nach einem Fernstudium (obwohl das nichts Schlechtes sein muss) Tierheilpraktiker nennen kann, sollte man vorsichtig sein. Viele Tierhalter suchen solche Menschen auf, wenn die klassische Medizin versagt. Sie sind auch bereit, hohe Preise für die Behandlung zu zahlen, um ihrem Liebling zu helfen. Und genau das ruft zwielichtige Gestalten auf den Plan. Man kann auch andere Tierbesitzer nach ihren Erfahrungen fragen. Heilpflanzen können tatsächlich unterstützend eine gute Wirkung erzielen. Aber sie ersetzen nicht die Behandlung beim Tierarzt. Die Wirkung naturheilkundlicher Verfahren ist umstritten. Tierphysiotherapie ist ebenfalls in vielen Fällen sinnvoll, etwa nach Operationen, bei alten und kranken Hunden, bei Sporthunden, bei Nerven- und Gelenkerkrankungen usw. Die Behandlungen sind wie beim Menschen ähnlich: Bewegungstherapie, Wärmeanwendungen, Massagen, Elektrotherapie usw. Auch hier kann man nach Tierphysiotherapeuten googeln. Vielleicht bietet der Tierarzt entsprechende Behandlungen an oder kann Kontakte vermitteln. Physiotherapie kann vieles lindern oder die Heilung unterstützen. Manches kann man sich vom Physiotherapeuten zeigen lassen und dann selbst durchführen. Anderes sollte man generell dem Experten überlassen. Auch die Tierphysiotherapie ist keine „klassische" Ausbildung. Deshalb muss man auch hier vorsichtig sein. Viele kranke, alte oder im Leistungssport geführten Hunde profitieren allerdings davon. Viele Tierphysiotherapeuten sind gleichzeitig Tierärzte oder haben vor ihrer Ausbildung zum Tierphysiotherapeuten eine Ausbildung zum Humanphysiotherapeuten absolviert. Andererseits gibt es auch „Wochenendkurse" und Fernstudiengänge, in denen man sich zum Tierphysiotherapeuten (oder auch zum Tierheilpraktiker) ausbilden lassen kann. Die Ausbildung ist nicht einheitlich. Deshalb ist die Qualität der geleisteten Arbeit solcher Therapeuten auch nicht einheitlich und es ist nicht immer leicht, die Spreu vom Weizen zu trennen. Generell können Physiotherapie und naturheilkundliche Verfahren aber in vielen Fällen sinnvoll sein und Linderung verschaffen. Einen geeigneten Therapeuten zu finden ist allerdings nicht immer einfach, und die Behandlungen können auch ziemlich kostenintensiv ausfallen. Wenn sie einem schmerzgeplagten Hund helfen könnten, sollten sie aber immer in Erwägung gezogen werden.

Der wohlerzogene Hausgenosse

Umwelttraining

Ich kann die Erziehung des Boxers in diesem Buch nur anreißen und empfehle unbedingt weiterführende Literatur, gerade

wenn man seinen Hund ohne fachmännische Hilfe erziehen möchte. Jeder Hund muss ordnungsgemäß sozialisiert und erzogen werden, um in unserer Gesellschaft zurecht zu kommen. Ein nicht erzogener Hund wird bestenfalls nicht von der Leine gelassen – im schlimmsten Fall vegetiert er in einem Zwinger vor sich hin, landet im Tierheim oder wird gar eingeschläfert, weil er unkontrollierbar geworden ist. Der Welpe sollte bereits seinen Menschen als Leittier akzeptieren. Er soll sich am Menschen orientieren. Die Erziehung beginnt mit dem Tag der Übernahme des Hundes. Sein Mensch soll ihm Sicherheit vermitteln und die Führung übernehmen. Auch in Wolfsfamilien übernehmen die Leittiere die Führung. Die untergeordneten Tiere orientieren sich daran. Sie erwarten diese Führung auch. Einen Deutschen Boxer muss man mit Autorität und Verstand, mit Konsequenz und Feingefühl begleiten und erziehen. Er arbeitet gerne, lernt schnell und will gefallen. Das macht ihn recht leicht erziehbar, obwohl er auch sehr dickköpfig sein kann. Auf keinen Fall erzieht man einen Boxer mit Brutalität und Kasernenhofton. Allerdings muss auch ein Boxer von klein auf erzogen werden wie andere Hunde auch. Der Züchter legt den Grundstein für eine geordnete Prägung und Sozialisierung, die der neue Eigentümer später fortführen muss. Der Welpe lernt auf den Spaziergängen vieles kennen: Jogger, Reiter, Radfahrer, Nordic Walker, Spaziergänger, andere Hunde, Auto, Busse, Rinder, Pferde usw, eben alles, was einem auf dem Spaziergang so begegnen kann. Wenn der Welpe einigermaßen sicher reagiert, kann man die Sozialisierungsspaziergänge ausweiten. Aber am Anfang nicht übertreiben. Anfangs reicht eine halbe Stunde (über den Tag verteilt). Ist der Welpe überfordert, reicht gegebenenfalls auch weniger. Jede Überwindung vor Unsicherheit wird belohnt. Bei Unsicherheit wird der Welpe weder getröstet (das würde er als Lob auffassen und lernen, dass alles Unbekannte angsteinflößend ist) noch getadelt (das macht die Angst und Unsicherheit noch größer). Besser, man zeigt ihm durch entspanntes Verhalten, dass es keinen Grund für Angst und Unsicherheit gibt. Man kann sich auch erst mal mit dem (aus Sicherheitsgründen angeleinten) Welpen das Treiben aus der Ferne anschauen. Sobald der Welpe merkt, dort passiert nichts Schlimmes, möchte er das unbekannte Geschehen vielleicht von selbst erkunden. Das wird belohnt mittels Lob und Spielzeug oder Leckerli. Besondere Leistungen können auch besonders belohnt werden. Man darf aber nicht übertreiben, denn der Welpe soll lernen, dass das alles ganz normal ist.

Ist der Welpe einmal überfordert, sollte der Sozialisierungsausflug für diesen Tag unter- oder abgebrochen werden. Später ist vielleicht alles wieder in Ordnung. Die Zeit für die Sozialisierung zwischen der 8. und 12. (oder je nach Auslegung 16.) Woche darf nicht ungenutzt verstreichen. Der Welpe muss viele Umwelteinflüsse, andere Tiere/ Hunde und Menschen jeden Alters und Geschlechts, Autos, Busse, Bahnen, Lifts (keine Rolltreppen, Verletzungsgefahr der Pfoten) usw kennen lernen. Dann gibt es später meist keine Probleme. Man kann belebte Fußgängerzonen mit ihm besuchen, ihn mit ins Restaurant nehmen (dort muss er sich gut benehmen, auf seiner Decke liegen, darf nicht betteln, kläffen und andere Gäste belästigen), man kann Badeseen mit ihm besuchen, ihn im Auto mitnehmen (nicht nur zum Tierarzt!) usw. Dabei aber nicht übertreiben. Zuviel ist genauso schädlich wie zu wenig. Man unternimmt auch viele kleine Sozialisierungs- und Bindungsspaziergänge mit ihm in die Natur. Wo es erlaubt und möglich ist, sollte der Welpe viel frei laufen. Der Welpe orientiert sich an seinen Menschen und möchte noch nicht verlassen werden. Das muss man ausnutzen. Kommt der Welpe gerade zu seinem Herrchen oder Frauchen gelaufen, gibt man ein Signal, z.B. „Komm hierher" oder „Hier". Der Welpe wird gelobt, sobald er da ist. Ist er gerade von sich aus dabei, heranzukommen, ist das Signal besonders sinnvoll, denn er tut es ja gerade und kann es entsprechend verknüpfen. Sollte er einmal nicht kommen (oder nicht sofort), kann man eigentlich nicht viel unternehmen. Nachträglich tadeln kann man ihn nicht, das führt zu Unsicherheit und dazu, dass er überhaupt nicht mehr kommt. Kommt er (wenn auch vielleicht nicht sofort), wird er gelobt als habe er die Welt gerettet. Er soll ja gerne zu seinen Menschen kommen. Man kann auch als Bestätigung mit ihm spielen oder ihm einen besonderen Leckerbissen geben. Anfangs sollte man ihn nur rufen, wenn man sicher ist, dass er auch kommt, und nicht etwa abgelenkt durch einen anderen Hund o.ä. Später muss der Boxer aber auch unter Ablenkung gehorchen, das ist ganz wichtig. Er sollte sich auch bei der größten Ablenkung (z.B. Wild) sicher abrufen lassen. Ablenkung baut man nach und nach ein, aber erst, wenn der Hund ohne Ablenkung alle Übungen gut meistert. Wenn der Hund nicht auf Ruf kommt, kann man nicht viel tun. Passiert das öfter, sollte man es einmal mit einer Schleppleine versuchen, diese 5-10 m lange Leine hat nur einen Haken zum Befestigen am Geschirr (Halsband ist eher ungeeignet, weil dabei die Halswirbelsäule etwas abbekommen könnte) und sonst keine Haken und Ringe, da sie auf dem Boden schleift und nicht irgendwo hängen bleiben soll. Der Hund hat den Eindruck, weitgehend frei zu laufen, aber sein Mensch kann aus der Ferne trotzdem noch eingreifen, falls die Situation brenzlig wird. Man kann die Leine nach und nach ausschleichen, indem man immer mehr davon abschneidet. Der Hund gewöhnt sich daran. Vielleicht muss man am letzten Leinenrest ein entsprechendes Gewicht anhängen, damit der Hund immer noch glaubt, unter Kontrolle zu stehen. Der Boxer ist lernwillig und liebt seine Menschen. Das Freilaufen tut ihm gut und sollte regelmäßig trainiert werden, bis es „sitzt". Selbstverständlich muss er seinen Menschen vertrauen. Es sollte anfangs immer etwas Positives passieren, wenn der Boxer herankommt, also beispielsweise bekommt er ein Leckerli, wird gestreichelt oder es folgt ein Spiel. Später wird er nur noch variabel belohnt, d.h. er bekommt mal eine Belohnung und mal nicht. So lernt er, dass sich das Herankommen lohnt, da es eine Belohnung geben *könnte* und wird das Herankommen bald freudig ausführen. Kommt er einmal nicht, unternimmt man nichts weiter. Passiert es öfter, ist er wahrscheinlich noch nicht soweit oder die Bindung zwischen Mensch und Hund ist noch nicht gefestigt genug. Beides muss man natürlich nach und nach ausbauen.

Hundekontakte

Hundekontakte sind auch für erwachsene Hunde sehr wichtig, die sich austoben und mit anderen Hunden spielen können. Von noch größerer Bedeutung sind sie allerdings für Welpen und Junghunde. Diese müssen den sozialen Umgang mit anderen Hunden lernen und üben. Man sollte schon dem Welpen beibringen, erst auf Signal zu einem anderen Hund zu laufen. Auf einigen Hundeplätzen funktioniert das sehr gut. Auch auf den Spaziergängen trifft man vielleicht einen oder anderen potenziellen Spielpartner. Man sollte aber den anderen Hundehalter erst fragen, ob der eigene mit dem fremden Hund spielen darf. Verneint er das, muss man das akzeptieren. Es kann gute Gründe dafür geben. Vielleicht ist der andere Hund krank, läufig oder unverträglich. Oder er gehorcht einfach noch nicht gut. Im Übrigen gibt es keinen generellen Welpenschutz. Ein Schutz besteht nur für die Welpen, die zur eigenen Gruppe gehören. Bei fremden Welpen kann die Geduld eines Althundes schneller zu Ende sein. Dabei kann es zu Zurechtweisungen oder gar Angriffen auf den Welpen kommen, und der erwachsene, angreifende Hund ist deshalb keinesfalls verhaltensgestört! Auch eine Hündin mit Welpen kann genervt und aggressiv auf einen fremden Welpen reagieren und ihn wegbeißen, weil sie eine Konkurrenz für den eigenen Nachwuchs befürchtet. Das heißt nun nicht, dass man den Welpen von allen Hunden abschotten soll, im Gegenteil. Aber man sollte den anderen Hundehalter um seine Erlaubnis zum Spielen bitten und eine Ablehnung ggfs. akzeptieren. Der Boxer sollte lernen, erst auf Signal zu dem anderen Hund zu laufen. Vertragen sich zwei Hunde nicht, sollte man sich eher aus dem Weg gehen. Da die meisten Hundehalter Gewohnheiten haben, sollte das kein Problem darstellen. Man sollte dann einfach bestimmte Wege zu bestimmten Tageszeiten meiden. Unangeleint gehen solche Begegnungen meist friedlicher aus. Man sollte keinesfalls an der Leine zerren, wenn sich zwei Hunde ineinander verbissen haben. Man sollte in so einer Situation die Leine loslassen oder vom Halsband/ Geschirr lösen. Denn sind die Hunde durch die Leine eingeengt, reagieren sie meist noch aggressiver. Keinesfalls darf sich der Mensch mit Geschrei und Schlägen einmischen, das heizt die Hunde nur noch mehr an. Bei harmloseren Raufereien reicht es meist, einfach kommentarlos davon zu gehen. Wenn die Mensch-Hund-Beziehung stimmt, werden sich die Hunde schnell ihren Menschen zuwenden und vom anderen Hund ablassen. Bei schwerwiegenden Beißereien sollten beide Hundehalter gleichzeitig ihren Hund von hinten am Schwanz oder den Hinterläufen packen, in einem Moment, in dem die Hunde sich gerade einmal kurz nicht ineinander verbissen haben, und die Hunde schnell voneinander wegziehen, anleinen und zügig weggehen. Sehr effektiv ist es, einen vollen Eimer Wasser über den Hunden auszuleeren, aber wann hat man den schon zur Hand? Durch den Schreck unterbrechen aber dann viele Hunde die Rauferei von selbst.

Viele Hundeplätze bieten Spielgruppen für Welpen und erwachsene Hunde an, bei denen die Hunde unter kontrollierten Bedingungen mit einander spielen können. In der Regel werden Welpen und erwachsene Hunde in getrennten Spielgruppen betreut. Das wichtigste ist dabei das Spielen der Hunde untereinander. Die Hunde können sich so artgerecht austoben und festigen ihr Sozialverhalten. Manchmal werden bei Welpengruppen auch kleine Sozialisierungsspaziergänge in die nähere Umgebung (z.B. in einen nahegelegenen Baumarkt) angeboten oder es werden spielerisch kleine Erziehungsspiele mit eingebaut. Vorrangig ist aber das Spiel der Welpen, was ihrer Entwicklung sehr zugute kommt. Spielgruppen werden meistens von Hundetrainern angeboten, manchmal auch von Tierpsychologen oder Tierärzten. Der Trainer sollte eingreifen, wenn ein Welpe von den anderen gemobbt wird. Ein gutes Zeichen ist es, wenn der Trainer viel theoretisches Grundwissen vermittelt. Dabei sollte man auch beobachten, wie der Trainer mit seinem eigenen Hund und den Hunden der Teilnehmer umgeht. Geschrei und grobe Behandlung sind völlig fehl am Platze. Souveränes, ruhiges Handeln ist eher gefragt.

Bestätigung und Korrektur

Hunde lernen auf unterschiedliche Art. Durch Verknüpfungen, durch Versuch und Irrtum, durch positive und negative Erfahrungen. Lob und Tadel. Man bestraft einen Hund nicht wirklich. Tut er etwas, was er nicht tun soll, sollte man versuchen, ihn dazu zu bringen, das erwünschte Verhalten zu zeigen und dieses gezielt bestätigen. Man schlägt einen Hund nicht, schreit ihn nicht an, sperrt ihn nicht ein oder aus, man traktiert ihn nicht mit einem Elektrohalsband (verboten!) und man streicht ihm auch keine Mahlzeit. Eine Korrektur, die der Hund versteht, ist etwa folgende: man spielt mit dem Welpen, der Welpe wird zu grob und beißt. Man schreit „Au!" (aber nicht den Welpen direkt anschreien!) und bricht das Spiel sofort ab. Der Welpe wird das nicht toll finden, weil ihm etwas Positives (das Spiel) weggenommen wird. Wird er beim nächsten Spiel wieder zu grob, bricht man das Spiel abermals ab und schreit „Au!". Welpen verhalten sich untereinander ähnlich. Wird einer zu grob, schreit der andere und zieht sich zurück. Welpen lernen so sehr schnell, ihre Kraft und ihre spitzen Zähnchen gezielter und wohldosierter einzusetzen, da ihnen ansonsten etwas Positives (das Spiel) entzogen wird. Ein Hund kann unangenehme (oder positive) Reaktionen mit verschiedenen Dingen in Verbindung bringen: mit dem Ort des Geschehens, mit bestimmten Personen oder Gerüchen... Will der Hund sich gerne auf die Couch legen, soll das aber nicht tun, kann man z.B. Plastikplanen auf die Couch legen. Da liegen Hunde nämlich nicht so gerne drauf. Er wird die Couch in Zukunft meiden. Oder der Hund wühlt im Mülleimer herum. Man gibt mehrere gespannte Mausefallen in den Müll. Wühlt der Hund nun im Müll herum, schnappen die Fallen zu. Das ist nicht gefährlich für den Hund, aber auch nicht angenehm, und so wird er es bald sein lassen (vielleicht braucht er mehrere solcher Verknüpfungen). Da der Hund auch Personen, Gerüche, den Ort des Geschehens usw mit der "Strafe" in Verbindung bringen kann, darf man diese nur sehr gezielt einsetzen und nur, wenn der Hund sie auch richtig verknüpfen kann. Manche unerwünschten Verhaltensweisen löscht man auch am besten aus, indem man sie schlicht ignoriert. Bettelt der Hund bei Tisch, sieht man ihn nicht an, spricht nicht mit ihm und gibt ihm natürlich auch nichts vom Tisch. Man redet auch nicht mit ihm. Man ignoriert ihn komplett. Ein Hund findet es nicht schön, ignoriert zu werden. Er will ja Aufmerksamkeit von seinen Menschen. Außerdem lernt er durch das Ignorieren, dass das Betteln sich nicht lohnt. Er wird es sein lassen, sofern man nicht noch weich wird und ihm etwas vom Tisch gibt. Konsequenz ist wichtig. Heute hüh und morgen hott versteht der Hund nicht. Verbote und Gebote bleiben immer dieselben (obwohl es einfacher ist, etwas Verbotenes in etwas Erlaubtes umzuwandeln als umgekehrt). Heute mit ins Bett und morgen nicht mehr versteht kein Hund! Dinge, die erwünscht sind, die der Hund öfter tun soll, müssen entsprechend bestätigt werden. Mit Lob und Bestätigung kommt man schneller und besser zum Ziel als mit Strafe. Es gibt selbstbelohnende Tätigkeiten wie z.B. das Jagen. Schon das Jagen an sich bereitet dem Hund Freude, egal ob er das Tier erwischt oder nicht (obwohl dies das Verhalten wahrscheinlich noch verstärken würde). Selbstbelohnendes Verhalten sollte möglichst unterbunden werden, sofern es unerwünscht ist. Erwünschtes selbstbelohnendes Verhalten wird natürlich nicht unterbunden. Auch das Ausarbeiten einer Futterfährte ist selbstbelohnend, weil der Hund hier beim Suchen mehrere Futterbrocken findet und so motiviert wird, weiter zu suchen. Eine Bestätigung kann z.B. ein Lobwort sein, etwa „Guter Hund!" in fröhlicher Stimmlage, ein besonderer Leckerbissen (z.B. ein Käsewürfelchen, ein Stück Trockenfleisch), ein Spielzeug (z.B. bei Suchspielen) oder ein Kraulen. Es muss für den Hund positiv sein. Macht er sich nicht viel aus Futter, wird er sich für eine Futterbelohnung nicht mehr anstrengen. Ist er ein Vielfraß, kann man ihm ruhig Futter als Bestätigung geben (ggfs. bei der täglichen Fütterung berücksichtigen). Macht er alles für seinen geliebten Ball, ist sein Ball ein tolles Motivationsobjekt beim Training. Man kann ihn bei Suchspielen einsetzen oder als Belohnung damit spielen, wenn der Hund etwas richtig gemacht hat. Das Lob sollte innerhalb von zwei

Sekunden auf das erwünschte Verhalten folgen, damit der Hund es noch richtig verknüpfen kann. Reagiert der Hund falsch auf ein Signal, muss man ihn in die richtige Position bringen. Beispiel: der Hund soll „Platz" machen, begibt sich aber ins „Sitz". Man wiederholt dann das Signal (als Wort oder Handzeichen, je nachdem) und bringt den Hund gleichzeitig selbst in die gewünschte Position. Sofort folgen Lob und Leckerli. Bei unerwünschtem Verhalten ist noch zu beachten, dass man dem Hund beibringen sollte, eine gewünschte „Ersatzhandlung" zu zeigen. Denn wenn er weiß, was er nicht tun soll, muss er ja auch wissen, wie er richtig reagieren soll. Soll der Hund etwa keine Menschen anspringen, geht man schnell einige Schritte zurück (und rammt dem Hund nicht etwa das Knie in den Leib!), sodass der Hund auf den Boden plumpst, da er nichts mehr hat, wo er seine Pfoten drauf stellen kann. Vielleicht setzt er sich von alleine. Diese Reaktion wird bestätigt, denn sie ist eine passable Ersatzhandlung!

Leinenführigkeit und Bei-Fuß-Gehen

Anfangs hat der Welpe noch einen „Folgetrieb" und bleibt bei seinen Menschen (jedenfalls meistens...). Er muss aber lernen, auch an der Leine zu laufen. Ein Hund kann nicht immer und überall frei laufen. Im Straßenverkehr kann freilaufen für Hund und Umwelt sehr risikoreich sein. In der Nähe von Weide- oder Wildtieren sollte der Hund zu seinem eigenen Schutz, aber auch zum Schutz von andren Tieren besser angeleint sein. Ein nachweislich wildernder Hund darf abgeschossen werden, und das möchte ja kein liebender Hundebesitzer, oder? Zunächst gewöhnt man den Welpen an ein leichtes Halsband aus Leder oder textilem Material oder an ein Geschirr. Erst trägt er es einige Zeit in der Wohnung und wenn vorhanden im Garten. Meist wird das Halsband/ Geschirr schnell akzeptiert. Vielleicht hat auch der Züchter schon den Welpen an Leine und Geschirr/ Halsband gewöhnt. Sobald der Welpe das Halsband akzeptiert, kann man eine leichte Leine, vielleicht auch erstmal eine Paketschnur o.ä. verwenden, die man daran befestigt. Der Welpe wird gelobt, wenn er brav mit läuft. Zieht er in eine bestimmte (unerwünschte) Richtung, bleibt man einfach ruhig stehen bis er wieder folgt, denn lässt man sich auf ein „Kräftemessen" ein, kann dies dazu führen, dass man dem Welpen das Leinezerren regelrecht beibringt. Und es ist langwierig, dieses wieder abzugewöhnen. Braves Laufen an der Paketschnur wird belohnt. Der Welpe wird das schnell lernen. Wo es möglich ist, sollte der Welpe viel frei laufen. Anfangs sucht er sowieso die Nähe seiner Menschen, und wann immer er heran kommt, wird er verbal bestätigt, z.B. „Braver Hund". Man darf ihn auch gerne kraulen, mit ihm spielen und hin und wieder kann er auch ein Leckerli als Bestätigung bekommen. Die meisten Hunde lernen schnell, dass die Leine etwas Positives ist. Der Welpe wird nicht daran herum gezerrt! Entweder übernimmt er das Zerren dann von selbst, oder er bekommt eine panische Angst vor der Leine. Beides ist nicht wünschenswert. Sobald der Welpe einigermaßen anständig an der Paketschnur läuft, wechselt man diese gegen eine leichte (!) Welpenleine aus. Braves Gehen an der Leine wird hin und wieder verbal, durch Streicheln und gerne auch durch Leckerli oder Spiel belohnt. Man kann dem Welpen auch beim Gehen ein Leckerli oder die Hand vor die Schnauze halten. Nach 10 oder 20 Metern halbwegs vernünftigen Leinelaufens gibt es Lob und Leckerli. Später trainiert man weiter. Aber nicht zu lange, Welpen können sich nur 5 bis 10 Minuten zusammenhängend konzentrieren. Danach muss eine Spiel- oder Ruhepause folgen. Eine Trainingseinheit sollte immer mit einer Übung beginnen und enden, die der Hund gut beherrscht. So macht dem Hund das Training mehr Freude. Läuft der Hund vernünftig an der Leine, kann man die Freifolge, also Bei-Fuß-Gehen ohne Leine, trainieren. Beim Gehen lässt man die Leine aus der Hand gleiten und gibt das Signal „Fuß", oder auch „Rechts" bzw „Links", je nachdem, auf welcher Seite der Hund läuft/ laufen soll. Läuft der Hund brav an der rechten oder linken Seite ohne Leine, gibt es Lob und Leckerli. Läuft er weg, greift man in die schleifende Leine und korrigiert ihn, aber ohne Geschrei und Gerucke! Braves Gehen an der Seite wird positiv bestätigt (gelobt und belohnt). Dann lässt man die Leine wieder aus der Hand gleiten. Braves Nebenherlaufen wird bestätigt. Entfernt er sich wieder, greift man wieder die Leine und korrigiert ihn. Eine Schleppleine leistet gute Dienste, wenn es anders nicht klappen will. Sie wird am besten am Geschirr befestigt, um Schäden an der Halswirbelsäule zu vermeiden. Die Schleppleine hat nur einen Haken, um sie am Geschirr zu befestigen. Sie hat keine weiteren Ringe, Haken oder Ösen. Sie sollte auch nicht zu schwer sein. Die Schleppleine ist ca. 5-10 m lang. Man kann sie in Zoofachgeschäften kaufen oder an einer Wäscheleine o.ä. einen Haken befestigen und diesen am Geschirr. Braves Nebenherlaufen wird belohnt. Entfernt sich der Hund wieder, greift man in die schleifende Schleppleine oder tritt darauf. Dann ruft man den Hund zu sich. Kommt er heran, kräftig loben! Kommt er nicht, zieht man ihn Stück für Stück an der Leine zu sich heran, aber nicht rucken und reißen, sondern gleichmäßig und ruhig und dabei das Signal „Hier", „Komm" o.ä. geben. Sobald er da ist, Leckerli geben und kräftig loben. Schnell wird er lernen, dass es positiv ist, zu seinem Menschen zu kommen. Sobald das Herankommen an der Schleppleine sicher funktioniert, kann man die Leine nach und nach ausschleichen. Dabei schneidet man immer kleine Stücke von der Leine ab, befestigt aber ein entsprechendes Gewicht am Halsband, so dass der Hund meint, sein Mensch könne aus der Ferne noch eingreifen. Durch das Gewicht am Halsband / Geschirr glaubt er hoffentlich, er sei noch an der Leine. Mit der Zeit lernen es die meisten Hunde. Gerade der Boxer ist einerseits sehr anhänglich, andererseits hoch intelligent und leicht zu erziehen, sodass das Freilaufen bald funktionieren wird. Das Herankommen kann man auch ganz einfach trainieren, wenn der Hund sowieso gerade auf dem Weg zu Herrchen/ Frauchen ist. Man gibt das entsprechende Signal und lobt den Hund anschließend überschwänglich, wenn er da ist. Er darf ruhig ein schönes Leckerchen bekommen. Wenn man das regelmäßig trainiert, wird der Hund das Signal bald brav befolgen. Man lobt den Hund, wenn er kommt, und unternimmt nichts, falls er einmal nicht kommt. Niemals darf man den Hund tadeln, wenn er einmal etwas angestellt hat und dann herankommt. Er würde den Tadel mit dem Zurückkommen verbinden. Der Hund muss lernen, dass es schön ist, heranzukommen. Niemals darf dabei etwas Negatives passieren, auch wenn der Hund vielleicht vorher nicht gehorcht hat. Der Hund verbindet den Tadel oder das Lob immer mit der gegenwärtigen bzw zuletzt ausgeführten Tätigkeit, und das ist das Herankommen und nicht der Ungehorsam vorher. Im Übrigen reißt man einen Hund nicht an der Leine herum, weil er etwa zieht. Damit lernt er nur, Gegendruck auszuüben. Zieht der Hund, bleibt man einfach solange stehen, bis er aufhört zu ziehen. Dann geh man weiter und bestätigt das brave Laufen. Man kann ihn dabei auch mit Spielzeug oder Leckerli motivieren. Bleibt man dagegen dauernd stehen, wenn der Hund zieht, und geht nur zügig weiter, wenn der Hund angemessen läuft, wird er das auch bald lernen. Denn schließlich will er ja flott weiter kommen, und das funktioniert nur, wenn er nicht zerrt. Man kann sich dabei auch leicht ans Bein Klopfen. Für den Hund ist das geordnete Bei-Fuß-Gehen und anfangs auch das Üben der Leinenführigkeit sehr anstrengend. Man sollte anfangs immer nur ein paar Minuten üben und dann sollte z.B. ein Spiel folgen. Ablenkungen sollte man auch beim Training einbauen, z.B. in der Nähe spiele Kinder, andere Hunde, Autos, Rinder usw. Aber immer nur allmählich und langsam und erst, wenn der Hund die Signale schon gut beherrscht. Der Hund muss im täglichen Leben ständig unter Ablenkung gehorchen: Autos, Bahnen, Busse, Menschen, Hunde, was auch immer. Aber er muss sich langsam daran gewöhnen, auch bei Ablenkung zu gehorchen. Also nicht gleich übertreiben. Anfangs wird in mehreren hundert Metern Entfernung zur Rinderweide trainiert, dann in hundert Metern Entfernung, dann in zwanzig Metern Entfernung und schließlich direkt daneben. So findet eine allmähliche Gewöhnung statt. Solche Gewöhnungen sind wichtig. Ein Hund, der sich halb aus dem Halsband windet, weil in hundert Metern Entfernung eine Fahne im Wind flattert oder ein Schwarm Krähen kreischend vorbei fliegt, führt meist ein sehr zurück gezogenes Leben, weil man ihn nirgendwo mit hinnehmen kann. Jeglicher Stress, jede unbekannte Situation bereitet solchen Hunden Angst. Ängstliche Hunde können sich auch schnell mal zu Angstbeißern entwickeln. Auch das ist keinesfalls wünschenswert! Um solche Hunde zu angenehmen Begleitern zu machen, bedarf es vielem hartem Training, am besten unter Anleitung eines fachkundigen Hundetrainers. Und auch das ist keine Garantie, dass dem Hund noch ein stressfreies, normales Leben ermöglicht werden kann.

Sitz, Platz, Bleib

Es gibt verschiedene Mittel und Wege, einem Hund etwas beizubringen oder sein Verhalten in gewünschte Bahnen zu lenken. Sitz, Platz und Bleib sind drei wichtige Signale, die der Hund ausführen sollte. Man kann einen Boxer auch mit Handzeichen trainieren. Das hat Vorteile, z.B. bei schwerhörigen älteren Hunden ect. Um dem Hund das Sitz beizubringen, sollte man erstmals seine Aufmerksamkeit haben, und er sollte beim Training anfangs angeleint sein, damit man die Kontrolle über ihn hat. Später wird dann auch ohne Leine trainiert. Beim Sitz stellt man sich neben oder vor den Hund. Eine Hand hält den Kopf an der Leine nach oben (aber nicht zerren und reißen, der Kopf soll nur auf Position bleiben). Die andere Hand führt das Leckerchen über den Kopf des Hundes nach hinten. Der Hund möchte das Leckerchen haben, schaut hinterher und setzt sich dabei automatisch. In dem Moment, in dem der Hund sitzt, bekommt er gleichzeitig das Signal Sitz und das Leckerli als Bestätigung. Die meisten Signale müssen mehrmals oder oft geübt werden, bevor sie sitzen. „Sitzt" das „Sitz", übt man die nächste Stufe „Platz". Man kann auch ein anderes Wort wählen, falls der Hund durch den ähnlichen Klang Probleme hat, etwa „Down" oder „Leg dich". Beim Platz wird der Hund zunächst in die Sitzposition gebracht. Dann bietet man dem Hund am Boden einen Leckerbissen an. Sobald er an den Leckerbissen will und sich legt, gibt es das

Signal „Platz". Der Hund wird das Signal schnell mit dem Hinlegen verknüpfen. Sitzen soll er immer nur kurz. Das Platz oder Ablegen gebraucht man, wenn man den Hund länger „parken" möchte. Hat der Hund das Signal Platz begriffen, wird das Signal „Bleib" trainiert. Man legt den Hund also ins Platz. Dann entfernt man sich rückwärts einige Schritte und gibt das Signal „Bleib". Dabei kann man ein Handzeichen einführen, etwa eine nach unten abgewinkelte Handinnenfläche. Bleibt der Hund einige Sekunden ruhig liegen, geht man sofort zurück und lobt ihn überschwänglich. Bei der nächsten Übungseinheit weitet man die „Liegezeit" aus. Erwünschtes Verhalten bestätigen, unerwünschtes korrigieren. Bleibt der Hund liegen, baut man nach und nach Ablenkungen ein. Anfangs läuft man ein paar mal vor ihm auf und ab, dann trainiert man neben einer Wiese mit Weidevieh, neben einem Radweg usw. Erwünschtes Verhalten immer bestätigen, unerwünschtes sanft korrigieren. Auch hier werden die Anforderungen bzw Ablenkungen nach und nach gesteigert. Immer wohl dosiert, so dass der Hund schnell einen Lernerfolg verspürt. Das Training muss sich ja auch für ihn lohnen, sonst macht er nicht mehr freudig mit.

Das lebensrettende Wort „Aus"

Aus ist ein wichtiges Signal, das der Hund sicher beherrschen muss. So kann er z.B. einmal ein kleines Tier im Fang tragen, etwas, das dem Nachbarn gehört oder etwas, das für ihn gefährlich werden könnte. Dann muss er sicher „auslassen". Trägt er etwa einen Ball im Fang, kann man die Hand darunter halten und „Aus" sagen. Gleichzeitig bietet man ihm aus der anderen Hand ein „besseres" Spielzeug oder einen schönen Leckerbissen an. Wahrscheinlich lässt er nun den Gegenstand fallen und wendet sich dem „besseren Teil" zu. Dafür gibt es sofort Lob und Bestätigung. Der Hund soll lernen, dass sich das Auslassen für ihn lohnt. Wenn er den Gegenstand nicht hergeben mag, kann man ihm leicht die Lefzen gegen die Zähne drücken (dabei von oben mit der Hand über den Fang greifen). In der Regel lässt er den Gegenstand dann los. Dabei wiederholt man das Signal „Aus" und gibt dem Hund anschließend seine Belohnung, auch wenn er den Gegenstand nicht freiwillig hergegeben hat. Man sollte das öfter mit dem Hund üben. Am besten fängt man schon beim Welpen damit an. Dann hat man beim erwachsenen Hund weniger Probleme. Man lässt im Übrigen auch nicht den Hund sein Futter verteidigen, weil er das „darf". Damit kann man sich ein ernstes Problem schaffen. Man sollte auch mit dem Welpen hin und wieder üben, dass er sich das Futter klaglos wegnehmen lässt. Man nimmt ihm kurz den Napf weg, und wenn er sich das gefallen lässt, bekommt er ihn gleich zurück. Knurrt und schnappt er, füttert man ihn besten mit der Hand aus dem Napf. Den nächsten Futterbrocken bekommt er dabei erst, wenn er sich einigermaßen gesittet benimmt.

Autofahren

Viele Hunde fahren gerne Auto. Nur wenige verspüren Angst und Unwohlsein. Der Welpe sollte dabei anfangs nüchtern sein, damit er sich nicht erbricht. Bei Reisekrankheit können auch ein Mittel vom Tierarzt oder Naturheilkunde (z.B. Bachblüten) etwas Linderung verschaffen. Fühlt der Hund sich unwohl, erfordert dies vom Menschen viel Einfühlungsvermögen. Der Hund muss im Auto so untergebracht werden, dass weder er noch Mitfahrer gefährdet werden. Am besten bringt man ihn im Heck unter. Dafür benötigt man eine im Fachhandel erhältliche Transportbox oder ein Trenngitter/ -netz, das Hund und Fahrgastraum trennt. Alternativ kann der Hund auf dem Rücksitz mitfahren. Auch hier sollte er am besten mit einem speziellen Gurt gesichert werden (Zoofachhandel). Der Hund sollte außerdem auf einer bequemen Decke liegen. Den Hund auf dem Beifahrersitz mitfahren zu lassen, ist nicht gestattet, auch wenn man dies hin und wieder sieht. Bei längeren Autofahrten ist darauf zu achten, dem Hund regelmäßig Wasser anzubieten und ihm die

Möglichkeit zu bieten, sich zu lösen. Bei hochsommerlicher Hitze lässt man den Hund nicht alleine im Auto, Jahr für Jahr sterben Hunde im Auto einen qualvollen Hitzetod! Stellt man das Auto im Schatten ab, sollte man auch den Sonnenverlauf beachten, nicht dass sich der Hund dann doch irgendwann in der prallen Hitze befindet. Aber auch dann lässt man den Hund nicht länger alleine im Auto sondern nimmt ihn ggfs mit. Zudem sind schon Hunde aus Autos gestohlen worden.

Unarten

Unarten wie das Betteln bei Tisch oder das Anspringen von Personen sind meist vom Menschen selbst antrainiert. Wer seinem Hund regelmäßig oder unregelmäßig Futter vom Esstisch gibt, braucht sich über nerviges Gebettel nicht zu wundern. Hier ist konsequentes Ignorieren meist das Beste. Weder bekommt der Hund etwas vom Tisch, noch wird er in irgendeiner Form beachtet oder angesprochen. Aufmerksamkeit egal in welcher Form würde den Hund bestätigen. Deshalb ignoriert man ihn komplett. So wird er das Betteln sicher bald wieder einstellen. Begibt er sich auf seine Decke oder in seine Box, kann er dort gerne einen Kauartikel vorfinden, den er bearbeiten kann. Auch das Anspringen von Personen ist in der Regel keine gute Idee. Das Anspringen ist ein Ausdruck von Freude. Der Boxer kann dabei aber durchaus Personen umwerfen oder Kleidung verschmutzen. Die Kraft und Lebensfreude des Boxers sind enorm. Passiert das Anspringen bei Fremden, kommt eine Entschuldigung (und ggfs. das Angebot, die Reinigungskosten zu bezahlen) immer gut an. Am besten bringt man schon dem Welpen bei, niemanden anzuspringen. Dabei rammt man ihm aber kein Knie in den Leib. Zum einen besteht Verletzungsgefahr, zum anderen wäre dies ein schlechter Dank für die freundlich gemeinte Begrüßung. Am besten tritt man schnell einige Schritte zurück oder dreht sich zur Seite, wenn der Hund Anstalten macht zu springen. Dem Hund passiert dabei nichts, er plumpst nur zu Boden, weil er nichts mehr hat, worauf er seine Pfoten stellen kann. Setzt er sich dann verdutzt, kann dieses Verhalten wiederum positiv bestätigt werden. Der Hund lernt dabei, dass es besser ist, sich hinzusetzen als Personen anzuspringen. Man kann den Hund natürlich auch mit den Händen abwehren, sollte das aber nur im Notfall tun, weil er durch die Berührung (wenn auch unabsichtlich) positiv bestätigt wird. Das Ausräumen des Mülleimers kann man beispielsweise abstellen, wenn man den Mülleimer entweder in einem geschlossenen Schrank unterbringt (es sei denn, der Hund hat gelernt, Schränke zu öffnen) oder mehrere gespannte Mausefallen in den Müll gibt. Beim Herumwühlen schnappen die Fallen zu, wenn der Hund mit der Nase daran kommt. Das ist für den Hund ungefährlich, aber auch nicht unbedingt angenehm. Man kann ihm das Herumwühlen damit verleiden.

Alleinebleiben

Der Hund muss lernen alleine zu bleiben. Es ist völliger Unsinn, dass ein Hund nicht alleine bleiben kann oder dass sich Hundehaltung und Berufstätigkeit nicht vereinbaren lassen. Wie soll man denn sonst seinen eigenen Lebensunterhalt und den des Hundes verdienen? Bei längerem Alleinsein als 5 bis 6 Stunden (Welpen anfangs noch nicht ganz so lange) sollte man sich aber nach einer Alternative wie einer guten Hundetagesstätte oder einem privaten Hundesitter umsehen. Anfangs übt man nur minutenweise. Der Welpe (oder unerfahrene ältere Hund) lernt so, dass sein Mensch immer wieder nach Hause kommt. Die Zeiten des Alleinseins werden immer weiter ausgedehnt. Vor dem Alleinsein geht man mit dem Hund noch einmal spazieren, damit er sich lösen und auspowern kann. Dann kann man ihn in seiner Hundebox ablegen. Wenn er sich darin wohlfühlt, wird er gerne einige Stunden ruhig darin verbringen. Am besten lässt man den Hund minutenweise alleine, wenn er gerade schläft oder mit einem Kauleckerli beschäftigt ist. Man zieht Jacke und Schuhe an und geht hinaus. Der Hund wird aufmerksam sein. Steht ein

Spaziergang an? Sich direkt vor der Tür zu positionieren, ist keine gute Idee. Der Boxer merkt genau, dass man noch in der Nähe ist. Gejaule und sonstige Ausbrüche werden ignoriert. Man geht erst zurück, wenn der Hund ruhig ist. Anfangs sollte man nur das Zimmer verlassen, dann die Wohnung/ das Haus. Liegt er in seiner Box, ist er sicher untergebracht, kann nichts anstellen und fühlt sich geborgen. Der Deutsche Boxer liebt seine Menschen sehr. Dennoch muss er lernen, täglich einige Stunden alleine zu bleiben. Schließlich muss man seinen Lebensunterhalt und den des Hundes verdienen. Selbst wenn man normalerweise den ganzen Tag zu Hause sein sollte, kann es immer mal Situationen geben, wo man den Hund alleine lassen muss. Erst bleibt er nur wenige Minuten alleine, dann eine Stunde, dann bis zu fünf, sechs Stunden. Vor dem Alleinesein muss er noch einmal die Möglichkeit bekommen, sich zu versäubern und sich auszupowern. Die meisten Hunde lernen schnell,

dass Alleinebleiben nichts Schlimmes ist, dass seine Menschen nach einigen Stunden wieder kommen und dass danach etwas Schönes folgt. Der Hund sollte auch ein Kauleckerli bekommen (z.B. einen Büffelhautknochen, ein Schweinsohr – bitte beachten, was dazu im Ernährungsteil geschrieben wird!), das er beim Alleinebleiben bearbeiten kann. Das Kauen beruhigt und der Boxer kommt weniger auf dumme Gedanken. Die Zeiten des Alleinebleibens werden langsam gesteigert. Nach dem

Alleinebleiben sollte etwas für den Hund Schönes folgen, ein Spiel zum Beispiel oder am besten ein Spaziergang. Den Kreis Alleinebleiben – Spaziergang sollte man aber hin und wieder unterbrechen. Man kann z.B. nach dem Heimkommen erst einmal die Zeitung lesen oder einen Kaffee trinken, ohne den Hund großartig zu beachten. Erst danach (wenn er sich ruhig verhält) geht man mit dem Hund spazieren. Ansonsten kann es passieren, dass er den sofortigen Spaziergang irgendwann einfordert. Hat der Boxer beim Alleinesein irgendwas angestellt, kann man ihn nicht mehr zurecht weisen. Die Zurechtweisung würde er wahrscheinlich mit dem Zurückkommen des Menschen verbinden, aber nicht mit irgend einem Unsinn, den er angestellt hat. Man kann nur für gute Erziehung und Auslastung sorgen, den Hund eventuell sicher in seiner Box verwahren und ggfs alles wegräumen, was der Hund ruinieren könnte. Gut erzogen und ausgelastet, dem Knabberalter entwachsen, stellt das aber meist kein großes Problem dar.

Ausbildung, Sport und Beschäftigung

Bevor man mit dem Boxer Extremsport betreibt, sollte er vom Tierarzt untersucht werden (eventuell das HD-Röntgenergebnis und kardiologische Tests abwarten). Für die Beschäftigung alter und/ oder kranker Hunde können Tierarzt und Tierphysiotherapeut Tips geben. Der erwachsene Boxer sollte täglich ca. 2-3 Stunden spazieren gehen. Für Welpen reicht anfangs eine halbe bis eine Stunde (über den Tag verteilt auf mehrere kleine Spaziergänge), später wird dies ausgedehnt. Bei alten und kranken Hunden muss man die Bewegung wieder entsprechend anpassen. Für den Deutschen Boxer sind Spaziergänge alleine meist zu langweilig. Man sollte deshalb nach weiteren Möglichkeiten suchen. Einige werden in diesem Kapitel angesprochen. Es gibt weiterführende Literatur zum Thema. Man kann sich auch in einem Rassehundezucht- oder Hundesportverein beraten lassen. Bei großer Hitze darf man nicht übertreiben und sollte hundesportliche Aktivitäten und Spaziergänge in die frühen Morgen- oder Abendstunden legen. Schwimmrunden im Badesee, kleine Suchspiele und gemäßigte Spaziergänge im Schatten reichen für den Boxer in den heißen Sommermonaten meist völlig aus. Boxer haben keine wärmende Unterwolle und sollten deshalb im Winter draußen immer in Bewegung sein. Langes Abliegen oder Absitzen bei kaltem, vielleicht noch nassem Wetter sollte man vermeiden, sonst drohen Erkältungen und Gelenkprobleme. Nach einem Spaziergang, auf dem der Boxer nass geworden ist, sollte man ihn mit einem Handtuch abtrocknen. Im Winter sollte man Streusalzreste von den Pfoten spülen und die Pfoten eventuell mit einer fettenden Creme einreiben. Außerhalb der heißen Jahreszeit machen auch Boxer lange Wanderungen und Hundesport begeistert mit.

Zerrspiele

Neben den täglichen Spaziergängen in freier Natur sollte der Boxer noch andere Anregungen bekommen. Er braucht Abwechslung. Zerrspiele machen auch vielen Boxern Spaß. Im Zahnwechsel (ca. 4.-6. Monat) sollte man damit etwas vorsichtiger sein. Man kann dafür Taue oder Ziehseile aus dem Zoofachhandel verwenden, aber auch alte zusammengeknotete Lappen o.ä. An einer Seite zieht der Mensch, an der anderen der Boxer. Manchmal spielen auch zwei Hunde gemeinsam mit einem Tau. Zerrspiele machen vielen Hunden Spaß. Mal sollte der Mensch gewinnen, mal der Hund. Nur bei sehr dominanten Hunden sollte immer der Mensch Sieger des Spiels bleiben. Auch hier hilft das Signal „Aus", der Hund kann nach dem Auslassen durchaus ein Leckerli oder ein anderes Spielzeug bekommen. So lernt er, dass das Hergeben des Gegenstands sich für ihn lohnt.

Joggen

Auch zum Joggen kann man den Hund mitnehmen. Gehorcht er zuverlässig und lässt es das Umfeld zu, darf er dabei gerne frei laufen. Andernfalls sollte er ein Geschirr tragen und durch eine dehnbare Leine mit dem Bauchgurt des Menschen verbunden sein. Der Boxer kann dabei traben, was ihm gut bekommt. Den meisten Hunden macht das Spaß. Zusätzlich braucht Boxer aber dennoch geistige Auslastung, wie etwa Suchspiele.

Reitbegleitung

Gut miteinander bekannt gemacht, verstehen sich Pferd und Hund meist recht gut. Auf Pferde wirken Hunde beruhigend. Es ist von Vorteil, wenn der Welpe schon Pferde kennen gelernt hat. Beide Tiere müssen sich langsam aneinander gewöhnen. Der Hund sollte zuverlässig gehorchen, da man vom Pferd herab wenig Einflussmöglichkeiten auf ihn hat. Man sollte auf entsprechenden Reitwegen bleiben, um keinen Ärger zu verursachen. Der Boxer läuft auch bei längeren Ausritten ausdauernd mit. Schließlich wurde er für einen langen, harten Arbeitstag gezüchtet. Das Training beginnt wie bei jedem Sport langsam und wird mit zunehmender Fitness des Hundes langsam gesteigert. Ein übergewichtiger Hund sollte vorher langsam abnehmen. Denn Übergewicht belastet Herz, Gelenke u.a. Bei großer Hitze werden Spaziergänge und sportliche Aktivitäten in die frühen Morgen- und Abendstunden verlegt.

Fahrradfahren

Auch für das Laufen am Rad muss der Hund gesund sein. Der Hund sollte mindestens 12 Monate alt sein (etwas jüngere Hunde ggfs. im Freilauf mitnehmen, dann handelt es sich nur im einen etwas flotteren Spaziergang. Keinesfalls nimmt man unter 12

Monate alte Hunde angeleint am Rad mit!). Die Hüften sollten unauffällig sein, ggfs sollten vorher weitere Untersuchungen gemacht werden, z.B. auf Herzschäden. Eine Untersuchung beim Tierarzt ist anzuraten. Schon beim Welpenspaziergang kann man aber das Rad hin und wieder nebenher schieben, denn in der Sonne aufblitzende Speichen können manchem Hund Respekt einflößen. Der Hund läuft am Rad auf der verkehrsabgewandten Seite. Anfangs macht man nur kleine Runden, 1 km, später kann der Hund durchaus 10 oder mehr Kilometer am Rad hertraben. Bei längeren Touren sollte man hin und wieder Pausen einlegen und dem Hund etwas Wasser anbieten. Er sollte vorher nichts fressen (Gefahr der Magendrehung). Läuft der Hund angeleint am Rad, sollte er ein Geschirr tragen. Es gibt auch dehnbare Spezialleinen für das Fahrrad, die einen plötzlichen Ruck abfangen. Außerdem kann man die Leine an speziellen Vorrichtungen am Rad befestigen, dann hat man die Hände für den Lenker frei. Man sollte die Leine ansonsten in der Hand behalten und nicht am Lenker befestigen, das kann zu bösen Stürzen führen. Bei heißen Temperaturen sollte der Hund nicht am Rad laufen, schon gar nicht auf Asphalt (Verletzungsgefahr der Pfoten). Der Hund sollte das Tempo bestimmen und nicht neben (hinter) dem Rad hergezerrt werden. Der Hund läuft sowohl am Pferd als auch am Rad auf der verkehrsabgewandten Seite.

Schwimmen

Die meisten Hunde können von Natur aus schwimmen. Boxer sind oft regelrechte Wasserratten. Sie stürzen sich in jedes Wasserloch, wenn man nicht aufpasst. Manche können mit dem kühlen Nass jedoch nicht viel anfangen. Sie geraten in große Unruhe, wenn ihnen das Wasser bis zum Bauch reicht. Auf jeden Fall sollte man aufpassen, dass der Teich, Tümpel, Bach oder was auch immer eine gute Wasserqualität aufweist und sich auch kein Gerümpel darin befindet, an dem der Hund sich beim

Hineinspringen schwer verletzen könnte. Schlechte Wasserqualität kann zu Hautproblemen, Magen-Darm-Erkrankungen und noch einigen unschönen Dingen mehr führen. Wasserbegeisterte Hunde sollten lernen, erst auf Signal hin ins Wasser zu gehen, damit es keine bösen Überraschungen gibt. Einen eher wasserscheuen Hund kann man vielleicht dazu bringen, ins Wasser zu gehen, indem man ihn hineinlockt, also mit gutem Beispiel vorangeht. Vielleicht sieht er bei einem befreundeten Hund, dass es im Wasser schön ist. Oder man lockt ihn mit Spielzeug oder Leckerli ins Wasser, indem man sie hineinwirft. Bei vielen Hunden siegt die Neugier. Nur wenige Hunde können mit dem Wasser so gar nichts anfangen oder haben gar Angst davor. Man kann dann nur versuchen, den Hund mit Geduld ans Wasser zu gewöhnen. Den Hund ins Wasser werfen, sodass er vielleicht gleich den Grund unter den Pfoten verliert, wird ihn kaum dazu bringen, das Wasser als etwas Schönes anzusehen. Hier hilft nur Geduld und Lob, sobald der Hund freiwillig eine Pfote ins Wasser setzt. Vielleicht findet der Hund doch Spaß am Schwimmen, wenn er einen befreundeten Hund im Wasser herumtoben sieht.

Begleithundeprüfung

Die Begleithundeprüfung ist die erste Prüfung, die ein Hund ablegen kann. Entsprechendes Training wird von Hundeschulen, Hundesportvereinen und auch von manchen Rassehundezuchtvereinen angeboten. Die Begleithundeprüfung ist die Voraussetzung zur Teilnahme an weiteren Prüfungen und Turnieren, etwa beim Agility. Das Mindestalter des Hundes beträgt 15 Monate. Der Hund muss auf dem Hundeplatz verschiedene Gehorsamsübungen meistern. Geprüft wird außerdem im Verkehrsteil. Der Hund muss sich dabei gleichgültig bis freundlich gegenüber Menschen und Artgenossen zeigen. Die Alltagstauglichkeit des Hundes wird hierbei überprüft. Der Mensch muss außerdem einen Sachkundeteil theoretisch bearbeiten. Hier wird das Wissen des Menschen bezgl. Hundeverhalten, Erziehung, Verhalten mit Hund in der Öffentlichkeit usw geprüft.

Gebrauchshundeprüfung

Die Ausbildung zum „Gebrauchshund", früher Schutzhundprüfung und später Vielseitigkeitsprüfung für Gebrauchshunde genannt, ist nichts für jeden Hund und jeden Menschen. Der Boxer eignet sich sehr gut für den Schutzdienst bzw den Gebrauchshundsport. Er muss aber bestens erzogen und sozialisiert und sehr wesensfest sein. Auch sollte er körperlich gesund sein. Das Training bedarf viel Hundeverstand und Einfühlungsvermögen seitens des Hundehalters und des Trainers. Der Hund muss wesensfest und bestens erzogen sein. Der Schutzhundsport ist ein reiner Sport und hat mit dem Schutz eines Menschen nichts zu tun. Entsprechendes Training wird u.a. von Rassehundezucht- und Gebrauchshundevereinen angeboten. Auch die Boxer-Clubs bieten entsprechendes Training an. Das Training besteht aus Unterordnung (Gehorsamsübungen), Fährtenarbeit und Schutzdienst (Verteidigen gegen einen Scheintäter, Stellen und Verbellen des Scheintäters). Wer sich für diesen Sport interessiert sollte sich Literatur besorgen, sich bei einem Verein bzw Hundeplatz beraten lassen uns sich das Training persönlich ansehen. Gehorsamsübungen kann und sollte man schon mit dem Welpen durchführen. Auch Zerrspiele mit z.B. einem Lappen oder Tau (der Hund soll später den Schutzärmel als Beute ansehen) als Vorbereitung für die Mannarbeit (Schutzdienst) und kleine Suchspiele als Vorstufe der Fährtenarbeit kann man schon mit dem Welpen trainieren. Die Gebrauchshundprüfung wird in drei Stufen (GHP 1, 2, 3) absolviert. Im Prinzip können alle Hunde (alle Rassen, Kreuzlinge und Mischlinge) die Gebrauchshundeprüfung ablegen, sofern sie körperlich und charakterlich geeignet sind. Kern der Prüfung sind die Selbstverteidigung des Hundes und die Verteidigung des HF gegen einen Scheintäter. Dabei soll der Hund den Scheintäter stellen und verbellen. Der Hund soll auch in

Extremsituationen gehorchen. Nur wesensfeste Hunde sollten in diesem Sport geführt werden. Heute werden Hunde weitgehend über Motivation und Spiel zu einem Schutzhund ausgebildet, ohne Druck. Dennoch ist dieser Sport nichts für jeden Hund und jeden Menschen, wie ich an dieser Stelle nochmals betonen möchte. Wer sich dafür interessiert, sollte sich durch mehrere Bücher zum Thema lesen, sich von einem erfahrenen Trainer beraten lassen und sich das Training auf einem Hundesportplatz persönlich ansehen.

Fährtenhund

Bei der Fährtenarbeit lernt der Hund einer Bodenverletzung (diese entsteht z.B. durch das Zertreten kleiner Mikroben, wenn ein Mensch z.B. über einen Acker geht) in natürlichem Gelände zu folgen. Am Anfang der Fährte, dem Abgang oder Ansatz, wird der Hund auf die Spur geschickt. In der Regel trägt er ein Halsband ohne Zugwirkung oder ein Fährtengeschirr und eine 10-m-Leine (es gibt aber auch Freisuchen ohne Leine). Der Hundeführer folgt dem Hund in 10 m Abstand. Je nach Schwierigkeitsgrad ist die Spur länger oder kürzer, jünger oder älter. Bei leichteren Fährten ist die Spur kürzer, jünger und der Hund muss weniger Gegenstände finden und anzeigen. Später sind die Spuren älter, beinhalten mehr Winkel und der Hund muss mehr Gegenstände finden. Außerdem können die Spuren durch Verleitfährten, also kreuzende Fährten, „durchbrochen" werden. Von diesen Verleitungen darf der Hund sich nicht ablenken lassen. Die Gegenstände muss er durch Abliegen, Absitzen, Verbellen, Aufnehmen o.ä. anzeigen (verweisen). Der Hundeführer nimmt den Gegenstand auf und zeigt ihn dem Richter. Am Ende der Fährte bekommt der Hund eine Belohnung. Man kann (beim Training) auch eine Trittspur legen und in jedes Trittsiegel (Fußabdruck) ein Leckerli, z.B. ein Stück Trockenfleisch, legen. Sobald der Hund die Fährte zuverlässig ausarbeitet, erweitert man die Fährte und legt in immer weniger Trittsiegeln ein Leckerchen ab.

Schließlich kann der Hund die Fährte auch ganz ohne Leckerli ausarbeiten (bei Prüfungen muss man sowieso auf Spielzeug und Leckerli verzichten). Um die Erwartungshaltung des Boxers zu erhalten, sollte man aber zwischendurch immer mal eine Fährte mit Spielzeug oder Leckerli ausarbeiten lassen. Bei Fährten mit Leckerli belohnt sich der Hund durch das Aufnehmen des Futters selbst, bei Fährten mit einem Spielzeug kann anschließend ein kleines Apportier- oder Zerrspiel stattfinden. Es gibt verschiedene Schwierigkeitsstufen der Fährtenhundprüfung. Bei der FH 1 muss der Hund mindestens 16 Monate alt sein und eine ca. 1000-1400 Schritt

lange Fremdfährte ausarbeiten. Diese ist ca. 180 Minuten alt. Dabei muss der Hund 4 Gegenstände finden und anzeigen (durch Verbellen, Aufnehmen, Vorsitzen, Vorliegen ect). Der HF muss den Gegenstand dem Leistungsrichter zeigen und mitnehmen. Die Fährte wird auf unterschiedlichem Gelände gelegt. Bei der FH 2 muss der Hund mindestens 20 Monate alt sein. Er muss eine ca. 2000 Schritt lange und ca. 180 Minuten alte Fremdfährte ausarbeiten. Diese Fremdfährte beinhaltet eine ca. 30 Minuten alte kreuzende Fährte (eine andere Person kreuzt die Ursprungsfährte), von der der Boxer sich nicht ablenken lassen darf. Der Hund muss 7 Gegenstände finden und anzeigen. Der

HF nimmt die Gegenstände auf, zeigt sie dem Leistungsrichter und steckt sie ein. Die Fährte wird auf unterschiedlichem Gelände gelegt. Der Hund muss für die FH 2 eine bestandene FH 1 nachweisen können. Entsprechendes Training und Prüfungen werden von Rassehundezucht- und Hundesportvereinen angeboten. Man kann aber auch für den Hund Eigenfährten legen ohne entsprechende Prüfungen mit ihm abzulegen. Vereine richten Fährtenprüfungen auch auf Wettkampfebene aus.

Mantrailing

Dies ist eine gezielte Suche nach Menschen. Der Hund unterscheidet mit Hilfe seines Geruchssinns verschiedene Gerüche. Man benötigt einen Geruchsträger, der den Geruch der vermissten Person trägt. Informationen über den Abgangsort der vermissten Person sind notwendig. Professionelle Mantrailer-Teams haben eine langwierige Ausbildung hinter sich. Polizei und Rettungsdienste setzen Mantrailer ein. Auch für normale Familien- und Begleithunde ist Mantrailing eine gute Beschäftigung. Im Realeinsatz leisten Mantrailer natürlich mehr, da es hier um echte Menschenleben geht. Manchmal werden flüchtige Straftäter gesucht, meistens aber vermisste Kinder, kranke, verletzte oder demente Personen usw. Mantrailer suchen (im Gegensatz zu Fährtenhunden) auch in Gebäuden und auf bebauten Flächen. Der Mantrailer orientiert sich am Individualgeruch eines Menschen, während der Fährtenhund eine Bodenverletzung verfolgt. Mantrailer verfolgen auch Spuren von Menschen, die in ein Auto gestiegen und weggefahren sind. Menschen verlieren dauernd Hautschuppen, die eine Zeitlang in der Luft schweben und dann zu Boden sinken. Der Geruch eines Menschen ist so individuell wie seine DNS. Geruchsmoleküle sind unterschiedlich lange haltbar. Hautzellen z.B. 36 Stunden, rote Blutkörperchen 120 Tage. Dadurch sowie durch Verwehungen oder Vermischungen mit anderen Gerüchen verliert sich die

Geruchsspur mit der Zeit. Studien belegen Spurenalter von 48 Stunden bis zu 4 Wochen.

Zielobjektsuche

Hierbei handelt es sich um eine systematische Suche nach kleinen, vom Menschen ausgelegten Gegenständen. Manche davon haben die Größe einer Büroklammer, aber sie können auch größer sein. Die Zielobjektsuche wurde von dem ehemaligen Polizeihundeführer Thomas Baumann entwickelt. Zielobjektsuche gibt es auch auf Wettkampfebene mit vier Leistungsklassen. Verwendet werden kleine Gegenstände wie Feuerzeuge, Kugelschreiber usw. Gearbeitet wird mit viel positiver Verstärkung. Was der Hund richtig macht wird belohnt, Fehler werden ignoriert und das Training entsprechend neu und positiv aufgebaut. Die Hunde lernen das Erschnüffeln des Gegenstands und sollen das Auffinden auch anzeigen (Vorsitzen vor dem Gegenstand o.ä.). Weitere Elemente der ZOS sind z.b. die Trümmerfeldsuche (ein Gegenstand ist aus einem Haufen anderer Gegenstände herauszusuchen), die Päckchenstraße (viele kleine Eimer stehen nebeneinander, der Hund muss einen Gegenstand heraussuchen) und die Freiflächenübung (ein Gegenstand wird auf einer 200 qm großen Grasfläche ausgelegt, der Hundehalter bleibt auf dem Weg stehen, während der Hund sucht und verweist).

Schnüffelspiele

Schnüffelspiele oder generell Nasenarbeit sind eine hervorragende Beschäftigung und Auslastung für den Boxer. Trotz seiner verhältnismäßig kurzen Nase kommt der Boxer mit Nasenarbeit aller Art sehr gut zurecht. Schnüffelspiele sind gut geeignet, um den Hund zwischen Trainingseinheiten „klassischer" Nasenarbeit (wie Fährtentraining o.ä.) artgerecht auszulasten oder auch wenn klassische Nasenarbeit nicht in Betracht kommt.

Schnüffelspiele kann man sehr gut über Futter aufbauen, aber man kann natürlich auch Spielzeug o.ä. verwenden. Man kann Leckerli auf dem Boden verteilen (auf kurz gemähter Wiese, auf Waldboden o.ä.). Entweder legt man eine Spur mit Trittsiegeln und legt in jedes Trittsiegel ein Leckerli (z.B. ein Trockenfleisch- oder Käsestückchen). Oder man arbeitet ein kleines Viereck aus (läuft kreuz und quer über ein kleines Rasenstück o.ä.) und verteilt dann eine Handvoll Leckerli darin. Anschließend wird der Hund auf die Spur geschickt, d.h. man setzt ihn am Beginn der Spur an. Das Signal „Such" erhält er erst, wenn er seine Nase auf den Boden bringt und zu schnüffeln beginnt. So verknüpft er das Signal gleich entsprechend und belohnt sich auch durch die Aufnahme des Leckerli selbst. Wenn er das verstanden hat, kann man die Spuren verlängern und mit der Zeit auch etwas weniger Futter verteilen. Man kann ruhig kreativ sein. Man kann Futter auf einer Wiese verteilen, in einem Heu- oder Laubhaufen, an den Zweigen eines Strauchs aufspießen (z.B. Käsewürfelchen), zwischen den dicken Wurzeln eines großen Baums, in Ziegel- oder Holzstapeln usw. Auch in der Wohnung finden sich viele Versteckmöglichkeiten. Man kann auch Würstchenwasser oder Lachsöl in einen Liter Wasser geben und damit eine Spur tropfen. Am Ende der Spur findet der Hund ein Spielzeug oder einen besonderen Leckerbissen. Findet er Spielzeug, sollte man dieses ebenfalls mit dem Duft beträufeln und anschließend an die Suche mit dem Hund und dem Spielzeug spielen, es sollte also etwa ein Zerr- oder Apportierspiel folgen. Anschließend daran darf der Hund den Gegenstand haben. Das Spielzeug sollte nur zum Suchen benutzt werden und sonst nicht zur freien Verfügung stehen. Es verliert sonst seinen Reiz. Im Fachhandel gibt es mehrere gute Bücher, die sich mit dem Thema beschäftigen. Nasenarbeit lastet extrem aus. Schnüffelspiele kann man sehr gut in der Wohnung, aber auch in freier Natur durchführen und auch auf Spaziergängen mit einfließen lassen.

Agility

Agilty ist ein flotter Hundesport, der die Hund-Mensch-Bindung fördert. Die Einteilung in verschiedene Klassen erfolgt nach der Größe des Hundes und eventuelle nach Alter des Hundeführers. Ein professioneller Parcours besteht aus ca. 15-20 Hindernissen und hat eine Länge von 100-200 m. Es gibt normalerweise 7 oder mehr Hochsprunggeräte, außerdem gibt es Wippen, Tunnel, Stege usw. Es müssen mindestens zwei Richtungswechsel vorhanden sein. Agilitytraining wird von Hundeschulen und Hundesportvereinen angeboten. Es gibt Agility auch auf Wettkampfebene. Man kann aber auch Agility-Geräte im Fachhandel kaufen und z.B. im Garten aufbauen. Diese Geräte lassen sich bei Bedarf schnell aufbauen und wieder wegräumen. Der Hund läuft ohne Halsband und Leine und muss gut gehorchen. Der Mensch läuft neben dem Hund her. Der Hund sollte gesund und vom Tierarzt für tauglich befunden sein. HD, Herzprobleme und ähnliches schließen ihn vom Training aus. Man kann auch schon Welpen spielerisch an das Training heranführen. Man kann ihn mittels Leckerli/ Spielzeug durch einen Tunnel locken, über eine Wippe laufen lassen o.ä. Aber ein Welpe sollte natürlich noch nicht in vollem Galopp über den Parcours hechten. Seine Gelenke könnten Schaden nehmen. Fehler bei einem Turnier sind u.a. Zeitüberschreitungen, Abwürfe von Stangen und Verweigerungen.

Breitensport

Turnierhundesport oder Breitensport ist ebenfalls eine Sportart, die für den Boxer geeignet sein kann. Mensch und Hund laufen dabei als Team und werden gleichermaßen bewertet. Innerhalb des Turnierhundesports gibt es verschiedene, abwechslungsreiche Formen des Wettbewerbs. Etwa Hindernislauf-Turniere, Vierkampf (Gehorsam, Hürden-, Slalom- und Hindernislauf), Geländelauf (2000 m/ 5000 m), Combination Speed Cup (SCS,

Mannschaftswettkampf; drei Mannschaftsmitglieder laufen in einem in drei Sektionen eingeteilten Parcours als Staffel), Shorty (Kurz-Bahn-„CSC" für Zweier-Mannschaften mit zwei Geräte-Sektionen) und Qualifikations-Speed-Cup (QSC; Wettkampf nach dem K.o.-System auf zwei gleichen Parcours).

Sachkundenachweis & Hundeführerschein

Der Hundeführerschein ähnelt z.T. der Begleithundeprüfung, ist aber nicht identisch mit dieser. In Niedersachsen ist es meines Wissens für alle Hundehalter Pflicht, Sachkundenachweis und Wesenstest zu absolvieren. Beim Sachkundenachweis muss der Hundehalter einen theoretischen Sachkundenachweis im Multiple-Choice-Verfahren ablegen, d.h. dass man einen Fragekatalog bearbeiten muss und vorgegebene Antworten zur Verfügung hat, aus denen man eine oder mehrere richtige Lösungen heraussuchen muss. Themen sind z.B. Hundeerziehung, Hundeverhalten, Verhalten mit dem Hund in der Öffentlichkeit usw. Außerdem muss man einen praktischen Teil mit Hund absolvieren. In der praktischen Prüfung muss der Hund seine Alltagstauglichkeit unter Beweis stellen. So muss der Hund sich etwa in einem Café ruhig und gleichgültig neben oder unter den Tisch legen. Das Verhalten des Hundes in der Öffentlichkeit beinhaltet z.B. auch das Durchqueren einer belebten Einkaufspassage und das Durchqueren einer Fußgängergruppe. Der Hund soll sich gleichgültig bis freundlich, niemals ängstlich oder aggressiv verhalten. Er darf die Umwelt nicht gefährden oder belästigen. Der Hund muss angeleint und unangeleint laufen. Er muss die Übungen Sitz, Platz, Bleib sowie Kommen auf Ruf absolvieren. Der Hund muss sich vom seinem Halter Spielzeug oder Futter wegnehmen lassen, er muss sich Ohren, Pfoten und Zähne kontrollieren lassen. Außerdem muss er sich vom Halter die Schnauze zubinden und von einer fremden Person klaglos anfassen lassen. In einer öffentlichen Grünanlage o.ä. findet ein Spaziergang statt. Jogger, Spaziergänger, Nordic Walker, Radfahrer usw soll der Hund völlig gleichgültig bis freundlich hinnehmen. Es darf sich keine Angst, Scheu oder Aggression zeigen. Geprüft wird angeleint und in Freifolge. Das Mensch-Hund-Team kann mit Katzen, Rindern, Radfahrern, Rollstuhlfahrern, Kinderwagen, Hühnern, Autos, Pferden und noch einigem mehr konfrontiert werden. Nichts darf den Hund aus der Ruhe bringen. Im innerstädtischen Bereich wird ebenfalls geprüft: mit anderen Personen im Lift fahren, Bus oder Bahn fahren, kurz in ein Café einkehren, auf einem schmalen Weg anderen Personen begegnen, Menschenmengen, Gehen an einer stark befahrenen Straße oder ähnliche Elemente können geprüft werden und dürfen den Hund nicht aus der Bahn werfen.

Korrektur und Bestätigung dürfen ggfs vom Hundeführer bedarfsgerecht eingesetzt werden. Einige Hundeschulen, Rassehundezuchtvereine und Hundesportvereine bieten entsprechendes Training an. In Deutschland haben einige Tierärzte,

Hundetrainer und Tierverhaltenstherapeuten die Befugnis, entsprechende Prüfungen abzunehmen.

Urlaubszeit

Am schönsten ist es für alle, den Urlaub gemeinsam mit dem Boxer zu verbringen. Wander- und Badeurlaube erlauben dies durchaus. Eine Reise in ferne, heiße Länder sollte man ihm allerdings ersparen. Man sollte sich natürlich vorher im Feriendomizil erkundigen, ob Hunde erwünscht sind, ob man eventuell einen Aufschlag bezahlen muss. Zimmerpersonal in Hotels und Pensionen wird gleich viel freundlicher auf den Hund reagieren und Haare und Fußabdrücke entfernen, wenn man diesem immer mal mit einem freundlichen Lächeln einen Geldschein zusteckt, denn immerhin bedeutet der Boxer zusätzliche Arbeit. Aber auch so sollte man mit einem erhöhten finanziellen Aufwand rechnen. Natürlich bürstet man ihn abseits vom Hotelgelände und entfernt seine Haare, sofern er welche im Zimmer verliert. Der Hund darf nichts ruinieren und sollte auch keine anderen Gäste in irgendeiner Weise belästigen. Viele Anbieter von Ferienheimen haben sich inzwischen auf Hundehalter spezialisiert und bieten z.B. auch Wanderungen und Ausritte mit Hund an. In Hundefachzeitschriften, aber auch im Internet wird man schnell fündig, in welchen Urlaubsdomizilen Hunde erwünscht sind. Reisen in ferne Länder im Flugzeug sollte man dem Hund möglichst ersparen. Der Boxer kann sich mit hier unbekannten Erregern infizieren. Außerdem reist er im Frachtraum in einer Transportbox ohne Möglichkeit sich zu versäubern. Für den Boxer nicht sehr schön! Außerdem sind eventuelle Quarantänevorschriften zu beachten. Ist die Mitnahme des Hundes nicht möglich, sollte man ihn entweder bei guten Freunden oder Bekannten unterbringen, wo er sich wohlfühlt, oder man sucht eine gute Tierpension. Vielleicht können andere Hundehalter weiterhelfen und können eine gute Tierpension empfehlen. Vor Reiseantritt sollte man mit dem Hund zum Tierarzt, der ihn untersuchen und auch die Impfung auffrischen kann. Möglicherweise kann er auch weitere Tips geben, was im Urlaub zu beachten ist und das eine oder andere Medikament (etwa gegen Reisekrankheit) mitgeben oder empfehlen. In südlicheren Ländern kommen manchmal Erreger vor, die bei uns (eher) unbekannt sind. Bei der Mitreise im Auto sollte der Hund gesichert auf dem Rücksitz (z.B. mittels eines speziellen Gurts) oder im Heck, entsprechend mit Box, Trenngitter oder Netz, untergebracht werden. Etwa alle 2 Stunden sollte man dem Hund die Möglichkeit geben, sich angeleint zu versäubern und ihm Wasser anbieten. Aber er sollte nichts fressen, auch vor Fahrbeginn nicht. Ein Kauleckerli (z.B. ein Schweinsohr) kann man ihm aber anbieten. Das Kauen beruhigt. Gewohnte Futterdosen kann man einpacken, ebenso gewohnte Decke, Näpfe, Halsband und Leine. Barft man, kann man fertig portionierte BARF-Mahlzeiten gefroren in einer Kühlbox mitnehmen (vorher erkundigen, ob es im Ferienhaus/ -wohnung einen Kühlschrank mit Gefrierfach gibt). Mann kann auch Frischfleisch täglich vor Ort kaufen und etwas Öl und Haferflocken untermischen. Im Urlaub müssen nicht alle Mahlzeiten unbedingt komplett ausgewogen sein. Etwas Fleisch, Öl und Haferflocken reichen für die wenigen Wochen (bei gesunden, ausgewachsenen Hunden) schon einmal aus. Kommt das nicht in Betracht, nimmt man Reinfleischdosen und ergänzt sie täglich mit etwas Getreide- und Gemüseflocken. Man kann auch ein gutes Alleindosenfutter mitnehmen (vorher testen, ob der Hund das Futter annimmt und verträgt). Einige Kauknochen, Schweinsohren o.ä. (sofern der Boxer keine Probleme damit hat!), Näpfe, Decke, Leine, Halsband/ Geschirr und Bürste komplettieren das Urlaubsgepäck für den Boxer. Man sollte eventuelle Hundehaare und Hundetapsen regelmäßig entfernen. Muss der Hund zu Hause bleiben, kann man ihn von einer vertrauten Person betreuen lassen, die ihn gut kennt. Ausreichend Futter und was der Boxer sonst noch so benötigt, muss bereit stehen. Die Telefonnummer des Tierarztes sowie eine eventuelle Liste mit Eigenheiten und was die Person beachten sollte, sind ebenfalls parat zu legen. Ebenfalls sollte man seine Mobilfunknummer und

Telefonnummer und Adresse des Urlaubsdomizils hinterlegen, für den Fall der Fälle. Der Hund sollte seine gewohnte Liegedecke, Futter und ein Spielzeug mit bekommen. Dann kann er Trennungsängste leichter überwinden. Eventuelle Medikamente werden mit Eingabeanleitung mitgegeben. Man sollte den Boxer vorher schon mit der Pflegeperson bekannt machen, diese sollte mit ihm vorher schon spielen und spazieren gehen. So können sich beide Seiten schon einmal aneinander gewöhnen. Muss der Boxer in eine Tierpension, sollte man sich diese vorher genau ansehen. Ist alles sauber, wenn auch nicht klinisch rein? Sind die Hunde im Haus? Dürfen sie auch (zeitweise) auf das Grundstück? Wie wird mit den Hunden umgegangen? Darf man sein eigenes Futter ect mitgeben? Wird auf die Eigenheiten der Hunde eingegangen? Vielleicht trifft man auf den Spaziergängen andere Hundehalter und kann sie nach ihren Erfahrungen fragen. Es gibt mitunter auch in Tierheimen Pflegeplätze, aber hier hat man meistens für die einzelnen Hunde wenig Zeit. Der Boxer sollte etwas Vertrautes mitbekommen, seine Liegedecke und sein Lieblingsspielezug, das macht die Trennung etwas leichter. Es gibt auch die Möglichkeit des gegenseitigen Betreuens: „Nimmst du mein Tier, nehm' ich dein Tier!". Das heißt, man gibt das Tier in eine private Pflegestelle. Auch hier sollte man sich vorher alles ansehen, auch der Hund sollte mit den betreuenden Personen und der Umgebung vorher vertraut gemacht werden, dann ist nicht alles so fremd für ihn. Adressen kann man im Internet finden, durch Gespräche mit anderen Hundehaltern bekommen aber auch über Inserate in Hundezeitschriften, Aushängen bei z.B. Tierärzten, durch Kontakte zu Hundevereinen, über Internetportale usw. Man sollte die „Pflegestelle" vorher mit dem Boxer besuchen, um abzuschätzen, ob er sich dort wohlfühlen könnte. Ebenfalls möglich ist es, wenn der „Pfleger" für die Urlaubswochen in der Wohnung des Hundehalters einzieht, um sich um den Boxer zu kümmern oder mehrmals täglich vorbei schaut, mit dem Hund schmust, spazieren geht, ihn füttert und bürstet. Wann immer es aber geht, sollte man die schönste Zeit des Jahres gemeinsam mit dem Boxer verbringen!

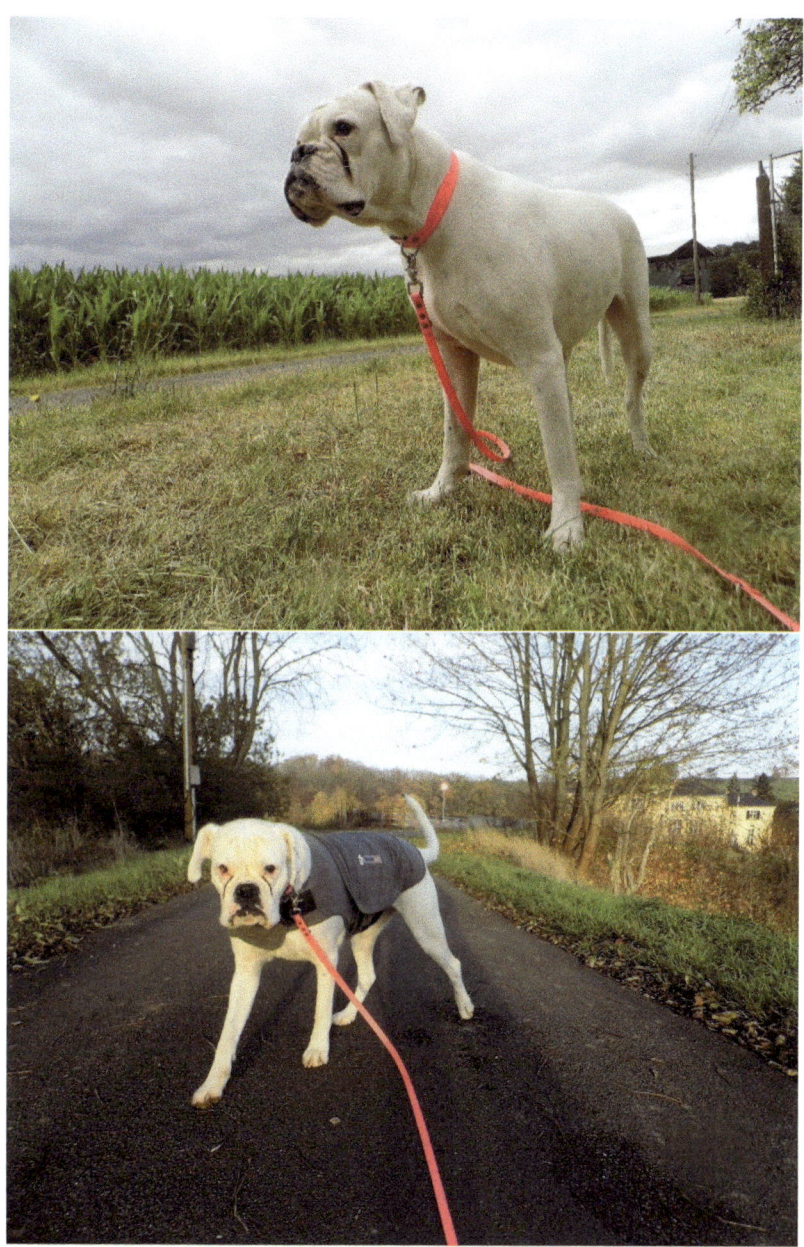

LITERATUR
BÜCHER

(**Boxer-Bücher** sind **fett** gedruckt.)

Aldington, Eric/ Stockmann, Friederun; Vom Körperbau des Hundes; Kynos / Gollwitzer, ISBN 978-3-93807-31-1

Baumgart, Liesl; Agility und andere Hundesportarten; Falken, 1996, ISBN 3-8068-4873-4

Becker, Jochen + Bettina; Dogs with Jobs – Über tierische Helfer, Helden mit kalter Schnauze und vierbeinige Kollegen; Cadmos, 2009, ISBN 978-386127870-2

Beute-Faber, Piet & Roel; Atlas der Hunde-Anatomie; Kynos, 2008, ISBN 978-3-924008-43-7

Blank, Heiko; Doglife BARF; NOEL-Verlag, 2017, ISBN 978-3-95493-210-8

Blome, Anton; Mein Hund und ich! – Unterordnung, Fährtenarbeit und Schutzdienst; Kynos, 2003, ISBN 3-933228-61-1

Boulanger, Robert/ Trautmann-Zenoni, Gabriella; Mantrailing – Teamarbeit mit Nase und Verstand; Örtel + Spörer, 2013, ISBN 978-3-88627-850-3

Bruns, Sabine/ Lausberg, Frank; Sport mit dem Hund; Cadmos, 2006, ISBN 978-386127792-7

Burns, Marca/ Fraser, Margaret N.; Die Vererbung des Hundes; Örtel + Spörer, 1968

Del Amo, Celina; Spiel- und Spaßschule für Hunde; Ulmer, 2006, ISBN 3-8001-4965-6

Denis, Bernhard; Die Haarfarben des Hundes; Schriftenreihe der Hundeforschungsstelle des Österreichischen Kynologischen Verbandes / Eigenverlag ÖKV / Jugend & Volk Verlagsgesellschaft mbH, 1990, ISBN 3-224-10730-8

Dolder, Willi (Hrsg.); Hunde: Abstammung – Anschaffung – Erziehung – Pflege – Rassen; Lingen-Verlag, 1992

Dürrschmidt, Iris; BARF – Bereit, alles roh zu füttern? Ratgeber zur gesunden Ernährung Ihres Hundes; Verlag Iris Dürrschmidt; 2015, ISBN 978-3-00-047131-5

Falke, Christina/ Ziemer, Jörg; Spiel und Sport für Hunde; Kosmos, 2014, ISBN 3440137732

Feddersen-Petersen, Dorit; Ausdrucksverhalten beim Hund; Kosmos, 2008, ISBN 3-44-09863-9

Feddersen-Petersen; Dorit; Hundepsychologie; Kosmos, 2004, ISBN 3-440-09780-9

Führmann, Petra/ Hoefs, Nicole/ Franzke, Iris; Das große Kosmos-Spielebuch für Hunde; Komos, 2012, ISBN 3-440-11628-9

Grimm, Hans-Ulrich; Katzen würden Mäuse kaufen – Schwarzbuch Tierfutter; Heyne, 2009, ISBN 978-3-453-60097-3

Haag, Gaby; Naturheilpraxis für Hunde; Kynos, 2011, ISBN 978-3-942335-16-4

Hansen, Inge; Vererbung beim Hund; Müller-Rüschlikon, 2008, ISBN 978-3-275-01652-5

Hasse-Schwenkler, Kerstin; Physiotherapie für Hunde; Kynos, 2007, ISBN 978-3-933228-53-6

Hauer, Sabine; **Mein Boxer und ich – Mein verrücktes Leben mit Boxern**; Books on Demand, 2016, ISBN 9783741298165

Hause, Bodo/ Fieseler, Alfons; Nasenarbeit – Ausbildung und Einsatz von Spezial- und Suchhunden; Ulmer, 2010, ISBN 3-8001-5684-9

Helbig, Leo / Stockmann, Friederun; **Der Deutsche Boxer**; Otto Meißner, 1968

Heyer, Franz; Hunde gegen den Weißen Tod – Von großen Lawinenunglücken, der Abrichtung und den Leistungen alpiner Rettungshunde; Albert Müller Verlag, 1966

Jodl, Beate/ Ossig, Barbara; **Boxer**; Kosmos, 2019, ISBN 978-3-440-15960-6

Klever, Ulrich; Knaurs Grosses Hundebuch; Droemer / Knaur / Weltbild, 1999, ISBN 3-8289-1553-1

Klever, Ulrich; Knaurs Hundebuch; Droemer'sche Verlagsanstalt Th. Knaur Nachf., 1959

Klever, Ulrich; Knaurs Hundebuch; Droemer'sche Verlagsanstalt Th. Knaur Nachf., überarb. Aufl. 1973, ISBN 3-426-00306-6

Koep, Werner; Wie Hunde Menschenleben retten; Mariposa, 2008, ISBN 978-3-927708-49-5

Koller, Raphaela; BARF-Rezepte; Örtel + Spörer, 2014, ISBN 978-3-88627-847-3

Krautwurst, Friedmar; Praktische Genetik für Hundezüchter; Kynos, 2002, ISBN 3-933228-52-2

Laeuger-Gasser, Thy; **Dir anvertraut. Vom Geben und Nehmen im Umgang mit Hunden**; Hauptverlag, 1968, ISBN 9783258023564

Laukner, Anna u.a.; Die Genetik der Fellfarben beim Hund; Kynos, 2017, ISBN 978-3954641505

Lehari, Gabriele; Hundeverhalten; Cadmos, 2007, ISBN 978-386127799-6

Linnmann; Sylvia M.; Die Hüftgelenksdysplasie des Hundes; Schaefermueller Publishing, 2012, ISBN 978-3-86542-013-8

Meermann, Silke; Handbuch Hundekrankheiten; Cadmos, 2007, ISB 978-386127795-8

Metz, Gabriele/ Schalke, Esther; Hundeführerschein & Sachkundenachweis; Kosmos, 2012, ISBN 3-440-13248-7

Mielke, Kerstin; **Deutscher Boxer**; Cadmos, 2017, ISBN 978-386127757-6

Müller, Manfred; Der leistungsstarke Fährtenhund; Örtel + Spörer, 2004, ISBN 3-88627-812-3

Ochsenbein, Urs; Die Hundeausbildung nach Urs Ochsenbein; Müller-Rüschlikon, 2004, ISBN 3-275-01498-6

Piech, Frank U.; **Der Boxer**; Kosmos, 1979, ISBN 3-440-04727-X

Radinger, Elli / Bloch, Günther; Wölfisch für Hundehalter; Kosmos, 2010, ISBN 3440122646

Rosell, Frank; Die Welt der Gerüche - Spezial-Spürhunde im Einsatz; Kynos, 2017, ISBN 395464133X

Rustige, Barbara; Hundekrankheiten; Kosmos, 1999, ISBN 978-3-440-07798-6

Schilling, Lothar; Nasenarbeit: Von Schnüffelspielen bis zum Sucheinsatz; Müller-Rüschlikon, 2016, ISBN 978-3-275-02072-0

Schlegl-Kofler, Katharina; Das große GU Praxishandbuch Hundeerziehung; Gräfe und Unzer, 2006, ISBN 3-7742-1397-6

Schlegl-Kofler, Katharina; Der 6-Stufen-Plan Hundeerziehung; Gräfe und Unzer, 2014, ISBN 978-3-8338-3402-8

Schlegl-Kofler, Katharina; Welpen-Erziehung; Gräfe und Unzer, 2016, ISBN 978-3-8338-1171-5

Schneider, Dorothee/ Hölzle, Armin; Fährtentraining für Hunde; Kosmos, 2005, ISBN 3-440-10132-2

Schöning, Barbara; Hundeverhalten; Kosmos, 2008, ISBN 3-440-11181-9

Schöps, Martina; Meine Keksel; Kynos, 2010, ISBN 978-3-942335-03-4

Seeger, Andre; BARF für Hunde; Gräfe und Unzer; 2015, ISBN 978-3-8338-4844-5

Spaa, Hans (Bearb.); **Der Boxer.** Zum 30. Gründungsfest vom Österreichischen Boxerklub herausgegeben; Österreichischer Boxerclub, 1963

Theby, Viviane/ Hares, Michaela; Das große Schnüffelbuch – Nasenspiele für Hunde; Kynos, 2013, ISBN 978-3-942335-01-0

Warren, Cat; Der Geruch des Todes – Einsätze eines Leichenspürhundes; Kynos, 2017, ISBN 9783954641499

Weisse, Walt; **Deutscher Boxer – Das Rasseporträt**; Kynos, 1994, ISBN 9783924008192

Ziegler, Jutta; Hunde würden länger leben, wenn… Schwarzbuch Tierarzt; MVG, 2011, ISBN 978-3-86882-234-2

Ziegler, Jutta; Rohkäppchen und der zahnlose Wolf; Verlag für chronische Gesundheit e.U., 2., überarb. Aufl. 2019, ISBN 978-3-9504318-1-0

INTERNET

Boxer-Klub München e.V.: www.bk-muenchen.de

Boxer-Nothilfe: www.boxernothilfe.de

Schweizerischer Boxerclub: www.boxerhunde.ch

Österreichischer Boxerklub: www.boxerclub.at

Verband für das Deutsche Hundewesen (VDH): www.vdh.de

Schweizerische Kynologische Gesellschaft (SKG): www.skg.ch

Österreichischer Kynologischer Verband (ÖKV): www.oekv.at

Zooplus (Futtermittel, Zubehör & Co.): www.zooplus.de

Fressnapf (Futtermittel, Zubehör & Co.): www.fressnapf.de

Mittelpunktbären (Maren Seker, handgenähte Hunde und Bären): www.mittel-punktbaeren.de

Weitere Bücher von der Autorin:

Das kleine Buch vom Deutschen Spitz; Books on Demand, 2.,überarb. Aufl. 2018, ISBN 9783744892896, 15,99 €

Das kleine Buch vom Dobermann; Books on Demand, 2., überarb. Aufl. 2018, ISBN 9783744811156, 16,99 €

Das kleine Buch vom Samojeden; Books on Demand, 2., überarb. Aufl. 2018, ISBN 9783744890700, 16,99 €

Das kleine Buch vom Tschechoslowakischen Wolfshund und Saarlooswolfhond; Books on Demand, 2., überarb. Aufl. 2018, ISBN 9783744871044, 25,00 €

Das kleine Buch vom Weißen Schweizer Schäferhund; Books on Demand, 2., überarb. Aufl. 2018, ISBN 9783743192508, 16,99 €

Das kleine Buch vom Wellensittich; Books on Demand, 2017, ISBN 9783743192508, 16,99 €

Das kleine Katzenbuch; Books on Demand, 2017, ISBN 9783743180116, 22,99 €

Eisenach: Die Stadt am Fuße der Wartburg; Books on Demand, 2018, ISBN 9783752876659, 22,99 €

Eisenach: Ein Bilderbuch; Books on Demand, 2018, ISBN 9783752802733, 9,99 €

Nasenarbeit für Hunde; Books on Demand, 2018, ISBN 9783752849660, 18,99 €

Rund um die Wartburg; Books on Demand, 2017, ISBN 9783746046945, 19,99 €

Schlittenhunde: Ein Bildband; Books on Demand, 2., überarb. Aufl. 2018, ISBN 9783746077505; 30,00 €

Weiße Schweizer Schäferhunde: Perlen im Licht der Sonne; Books on Demand, 2018, ISBN 9783746066103; 20,99 €

Weißer Schweizer Schäferhund; Books on Demand, 2018, ISBN 9783752823653; 10,00 €

Weiße Schweizer Schäferhunde einmal anders; Books on Demand, 2018, ISBN 9783752895605; 16,99 €

Wellensittiche; Books on Demand, 2018, ISBN 9783746098517; 20,99 €

Katzen: Liebenswerte Seidenpfoten; Books on Demand, 2018, ISBN 9783752839920; 12,00 €

Deutsche Spitze: Vergessen und doch geliebt; Books on Demand, 2020, ISBN 9783750434660

Das kleine Schlittenhunde-Buch; Books on Demand, 2018, ISBN 9783748107194; 18,00 €

Das Seidenpfotenbuch; Books on Demand, 2018, ISBN 9783749470549; 20,99 €

Weiß wie Schnee und Schwarz wie Ebenholz: Weißer Schweizer Schäferhund; Books on Demand; 2019, ISBN 9783749454211; 10,00 €

Wellensittiche: Liebenswerte Flatterbande; Books on Demand, 2019, ISBN 9783732290390; 15,00 €

DANKE!

Ich bedanke mich bei Yvonne und Arthur für die Korrektur des Manuskripts, die Anregungen und Verbesserungsvorschläge! Außerdem vielen Dank an Boxerhündin Smilla für die Geduld bei den Fotoshootings und die entspannenden Spaziergänge!